Dieses Buch gehört:

....

....

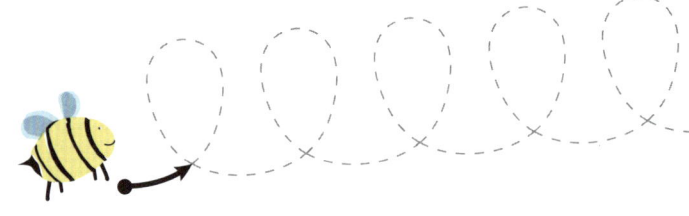

ISBN: 978-3-96443-857-7

Erstauflage 2019
2019 Stay Inspired!
Versand und Vertrieb durch
Nova MD GmbH
Raiffeisenstraße 4
83377 Vachendorf

Printed in Germany

stayinspired.official
stayinspired.official
stayinspired_official

www.stayinspired.de

Lektorat und Korrektorat:
Christina Sorg, www.korrektur-for-you.de

MEINE ERSTEN SCHWUNGÜBUNGEN

Vorbereitende Übungen
für das Schreiben in der Schule

Arkaden-Schwünge

Lass die lustigen Fische über die Wellen hüpfen. Fahre die Linien mehrmals nach, hin und wieder zurück.

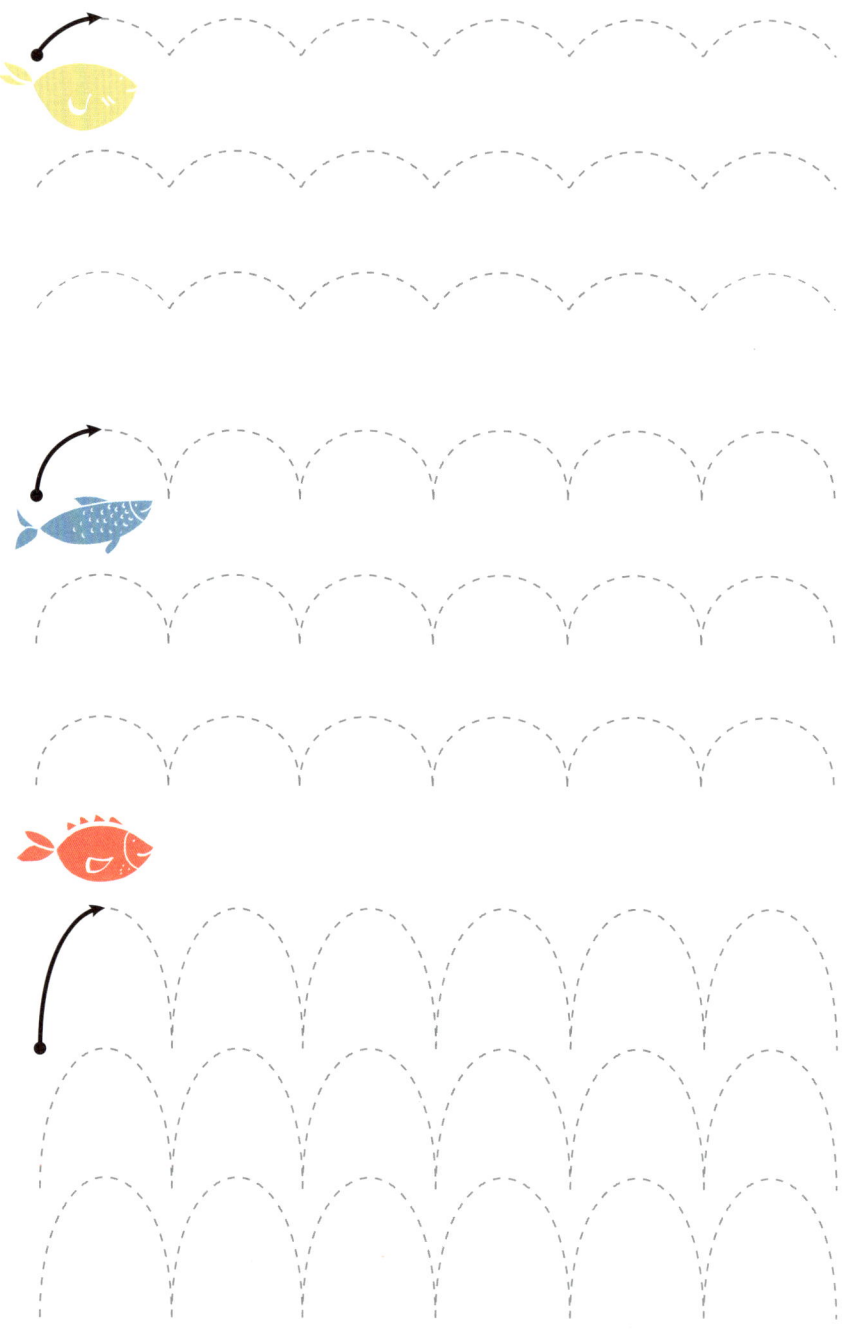

Arkaden-Schwünge

Male den Fischen bunte Schuppen. Fahre die erste Linie nach und ergänze die anderen auf dieselbe Weise.

Schleifen-Schwünge

Fahre die Schleifen-Schwünge mehrmals mit
bunten Stiften nach.

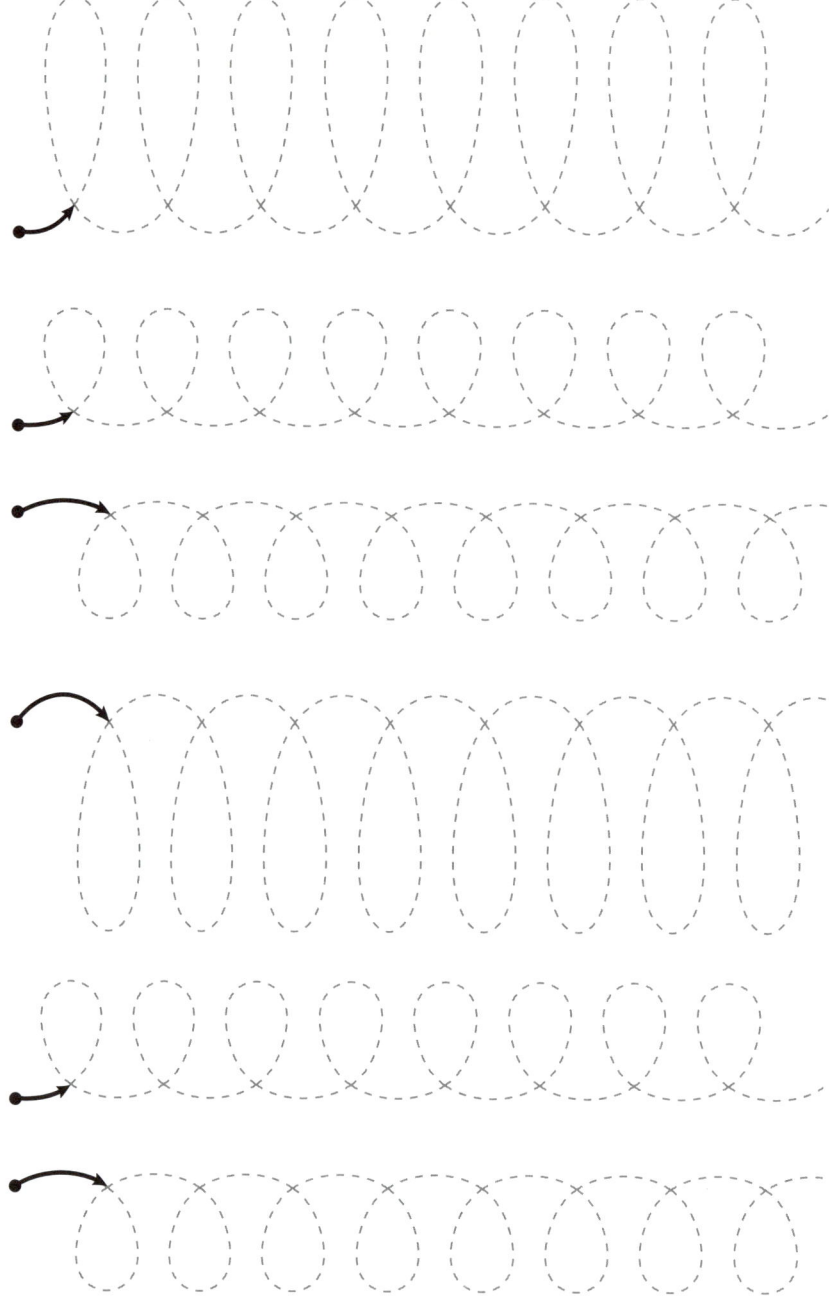

Schleifen-Schwünge

Diese Blumen bestehen nur aus Schleifen.
Male sie nach und versuche, eigene dazu zu malen.

Linien

Die Autos wollen zur Tankstelle. Male die gestrichelten
Linien nach, so dass keines der Autos von der Spur abkommt.

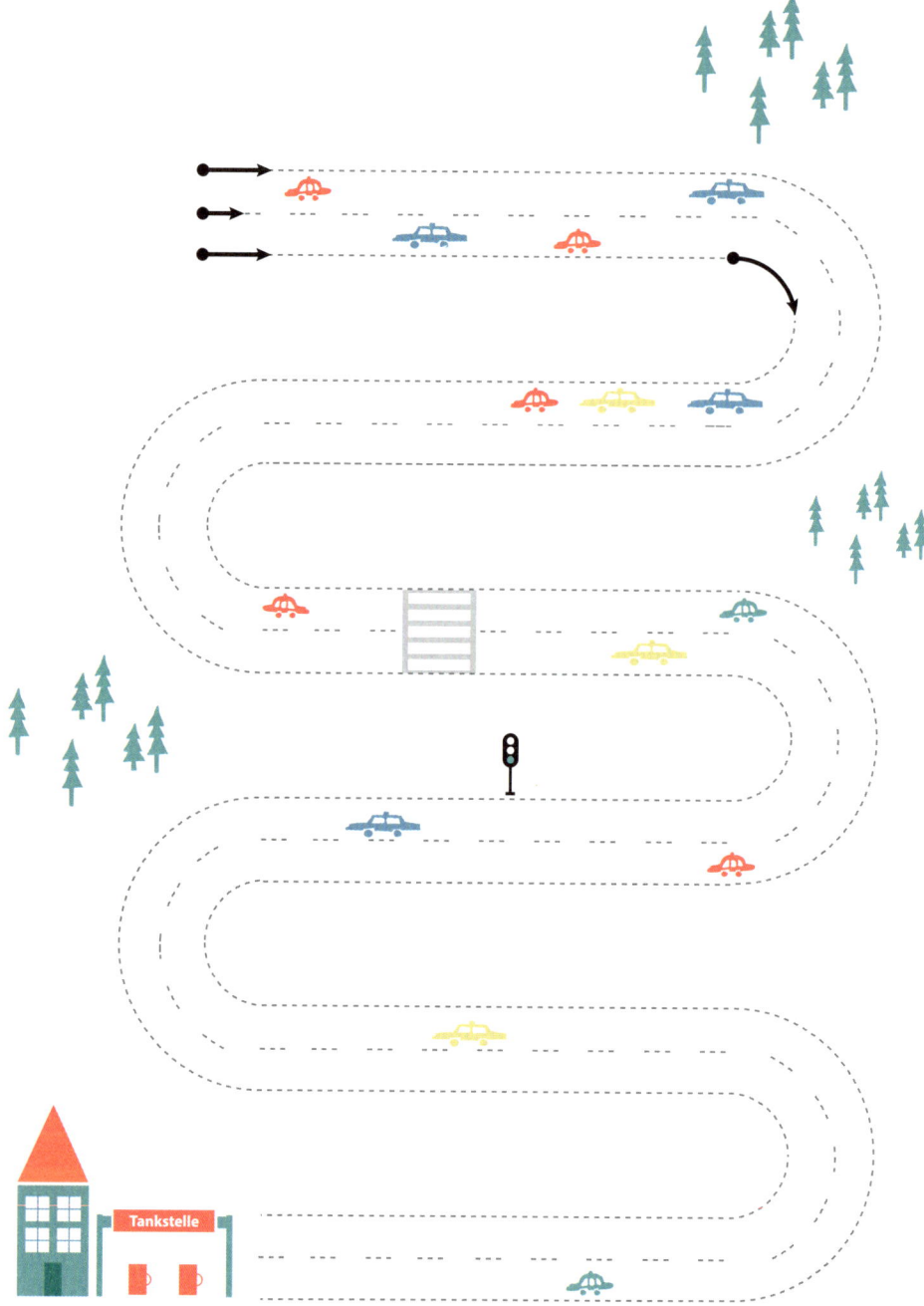

Gerade Linien

Heute regnet und schneit es. Fahre die Linien nach
und male eigene Schneeflocken und Regentropfen hinzu.
Male den Regenschirm in deinen Lieblingsfarben aus.

Wellen-Schwünge

Male die Ballonschnüre nach und
gib den Luftballons bunte Farben.

Wellen-Schwünge

Male die welligen Linien nach und
versuche, so gut wie möglich, auf der Linie zu bleiben.

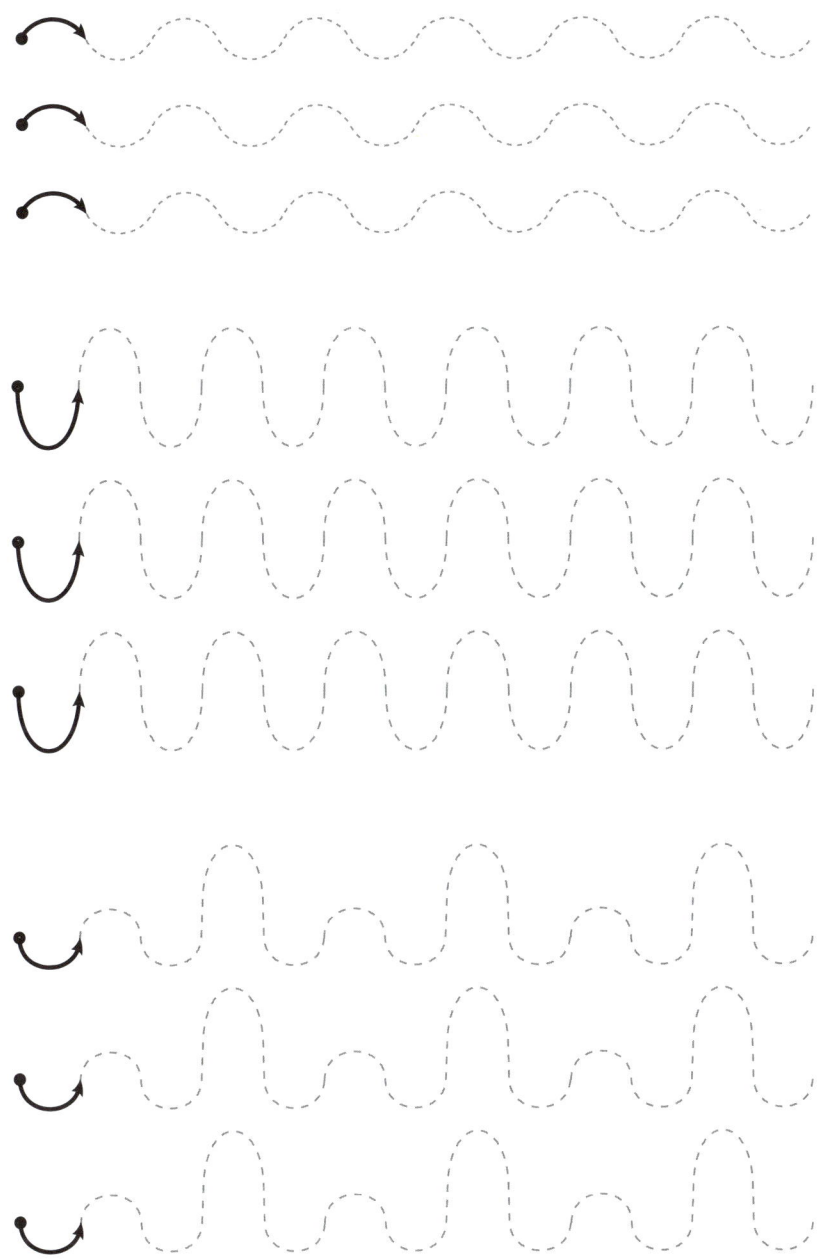

Schwünge, Linien und Formen

Ein schöner Sommertag.
Fahre alle Linien nach und male das Bild bunt an.

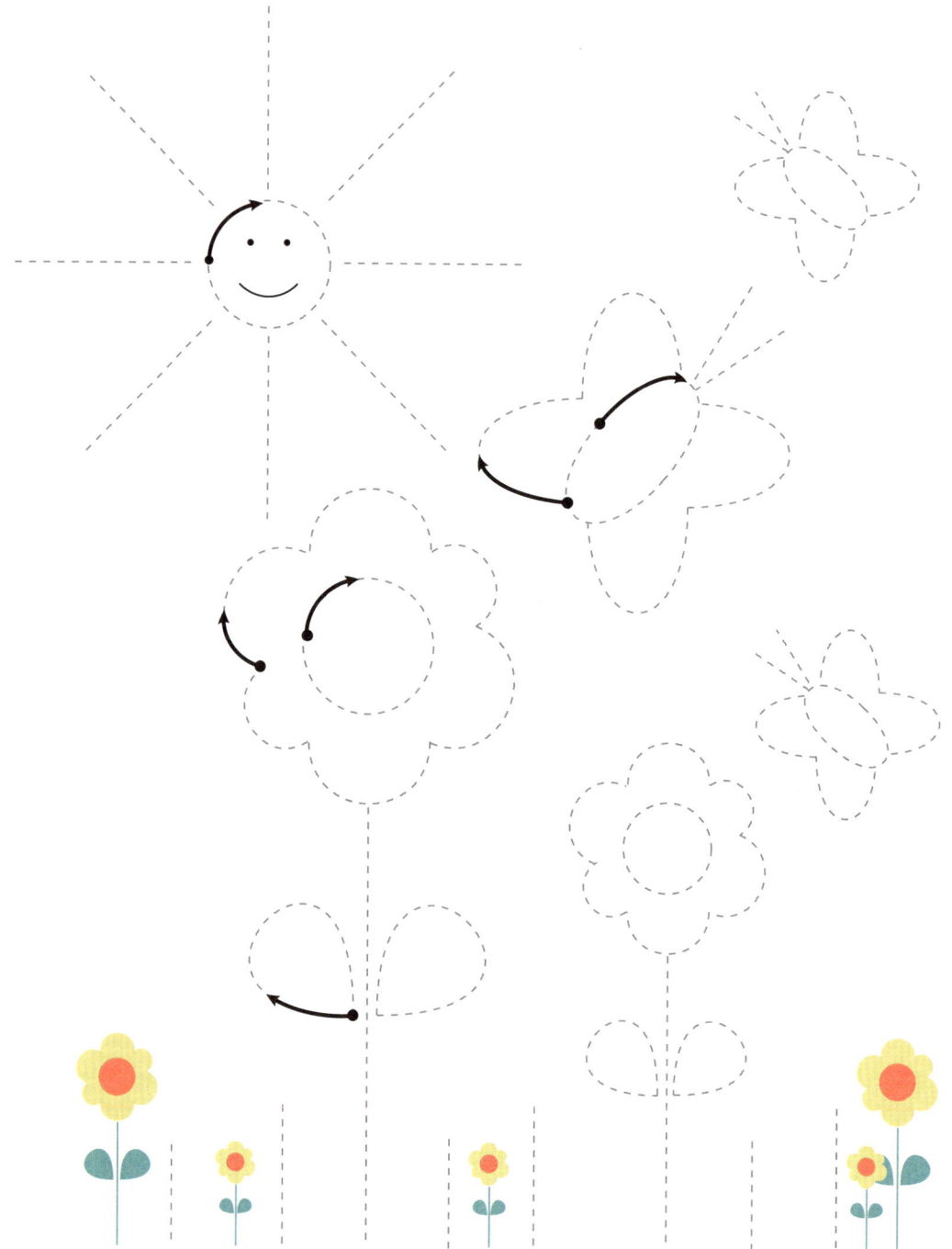

Kreise und Ovale

Male die Linien nach und übe
so, Kreise und Ovale zu malen.

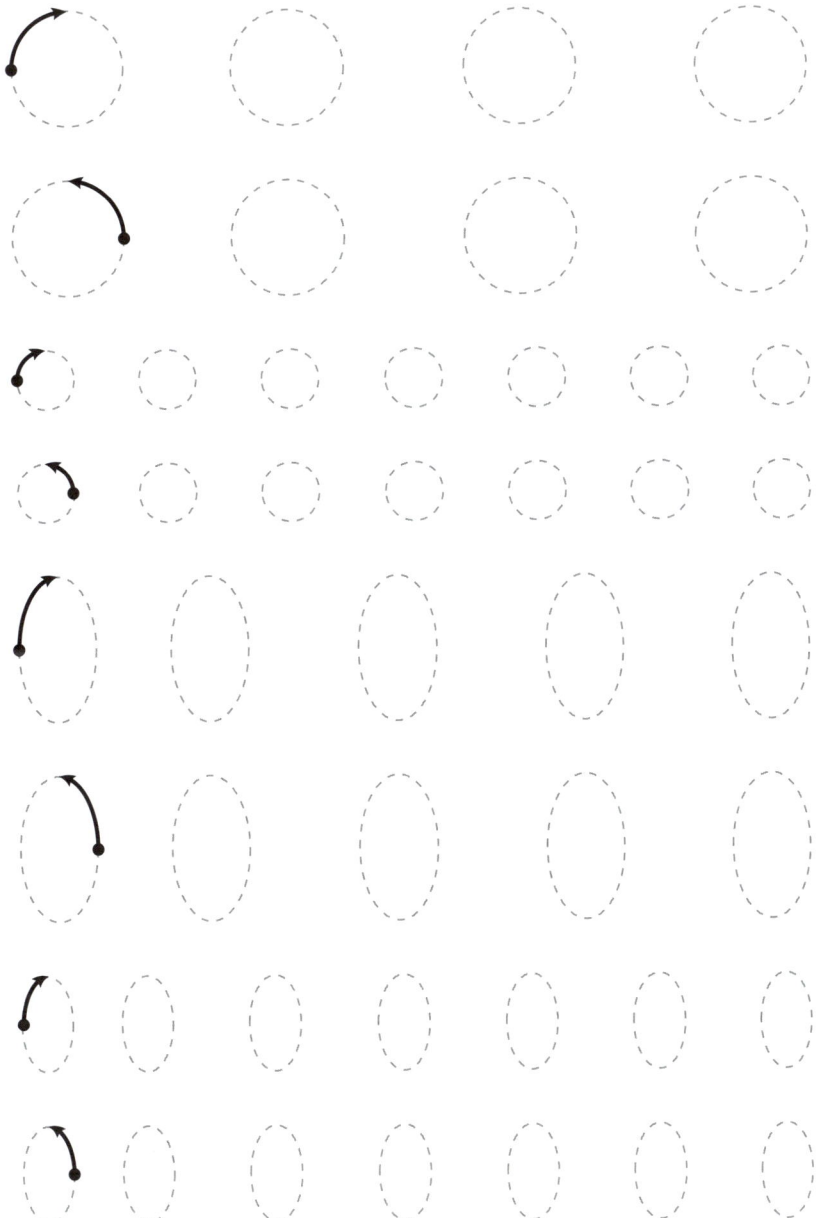

Ausmalen

Die Fliegenpilze brauchen etwas Farbe. Male die Linien nach und danach die Pilze aus.

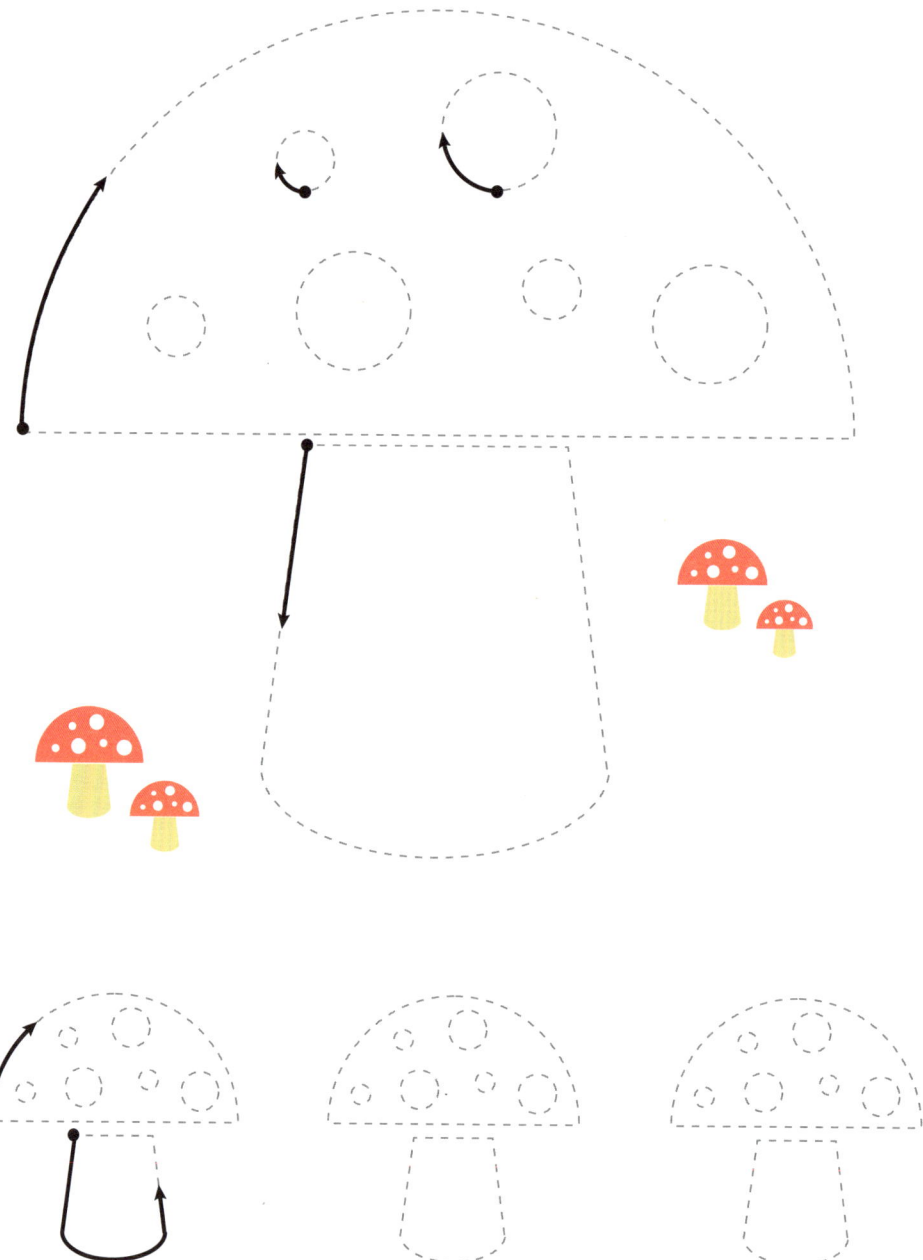

Hufeisen-Schwünge und Formen

Versuche, die gestrichelten Linien,
so gut es geht, nachzuzeichnen.

Zickzack-Linien

Male dein eigenes Tipi. Fahre die Linien nach und male es in deinen Lieblingsfarben aus.

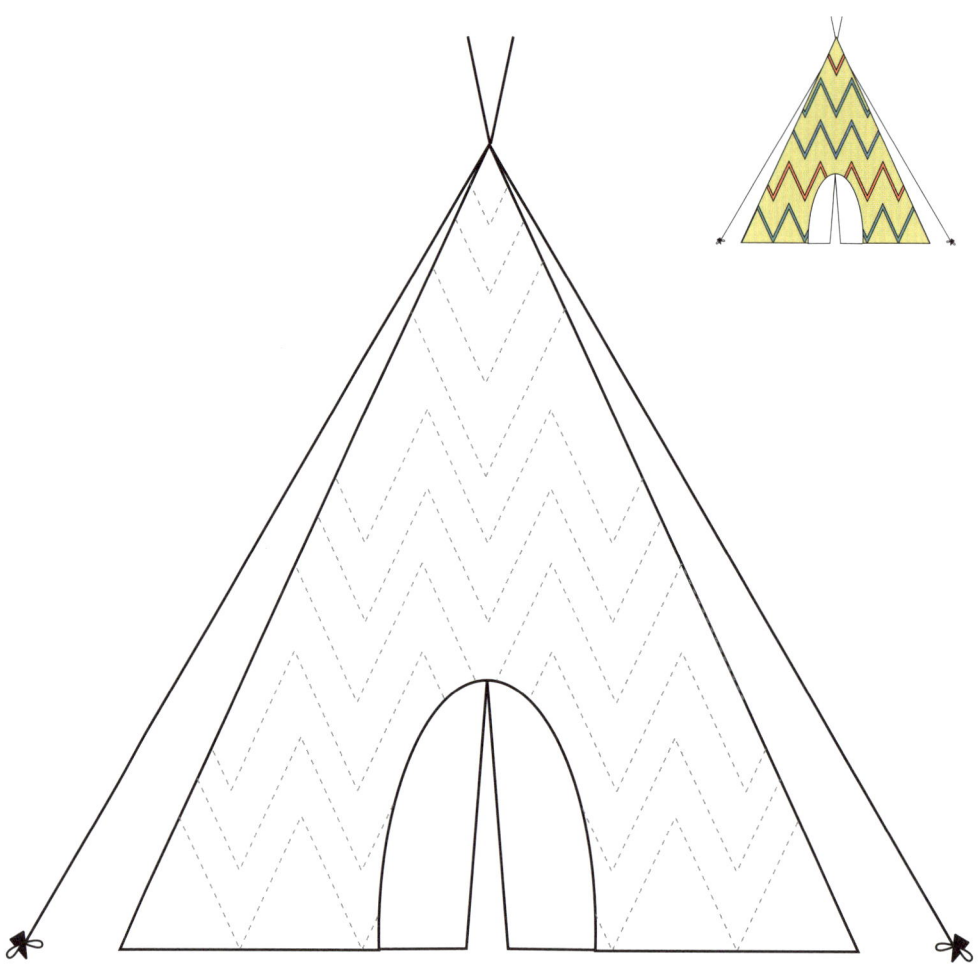

Zickzack-Linien

Hier kannst du Zickzack-Linien üben.
Fahre die Linien, so oft du magst, nach.

Formen und Linien

Male die Linien nach und
male alles bunt aus.

Formen und Linien

Hier kannst du verschiedene Formen
und Linien üben.

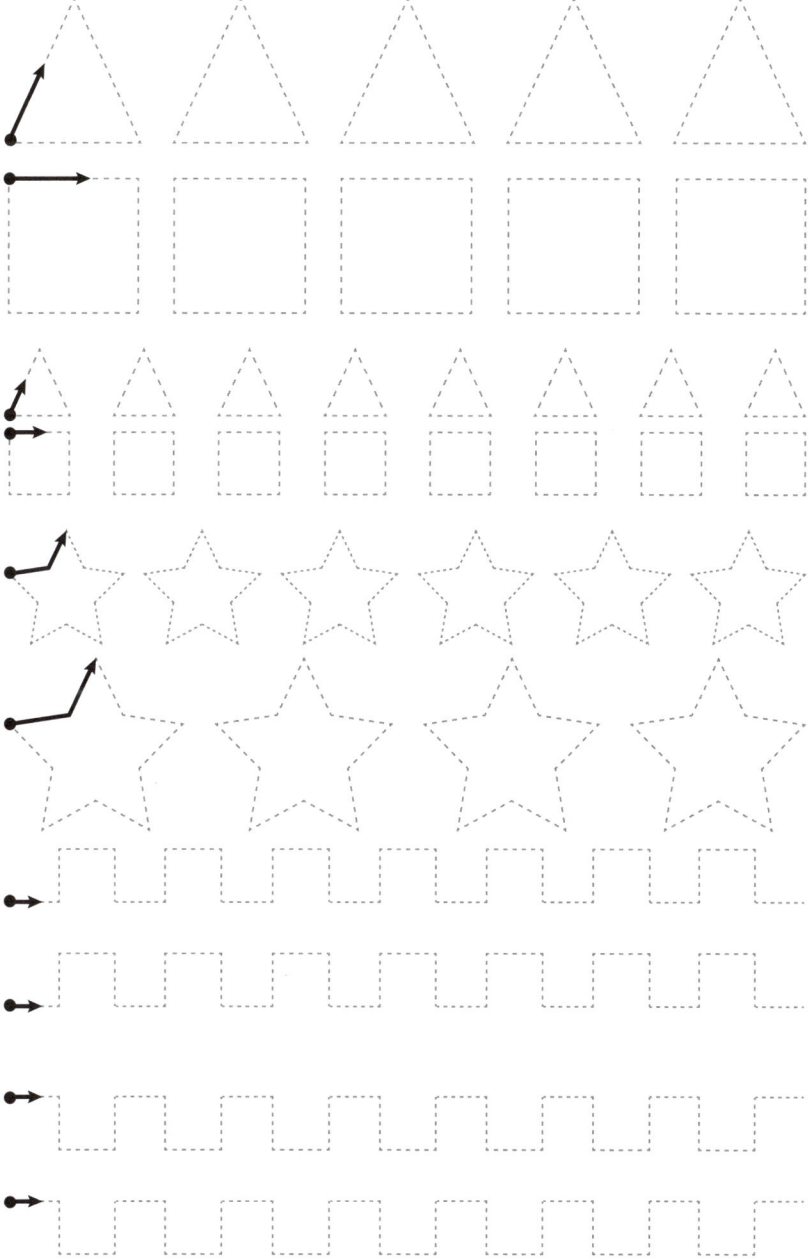

Schleifen-Schwünge

Male deinen eigenen Heißluftballon.
Zeichne die Linien nach und male ihn kunterbunt aus.

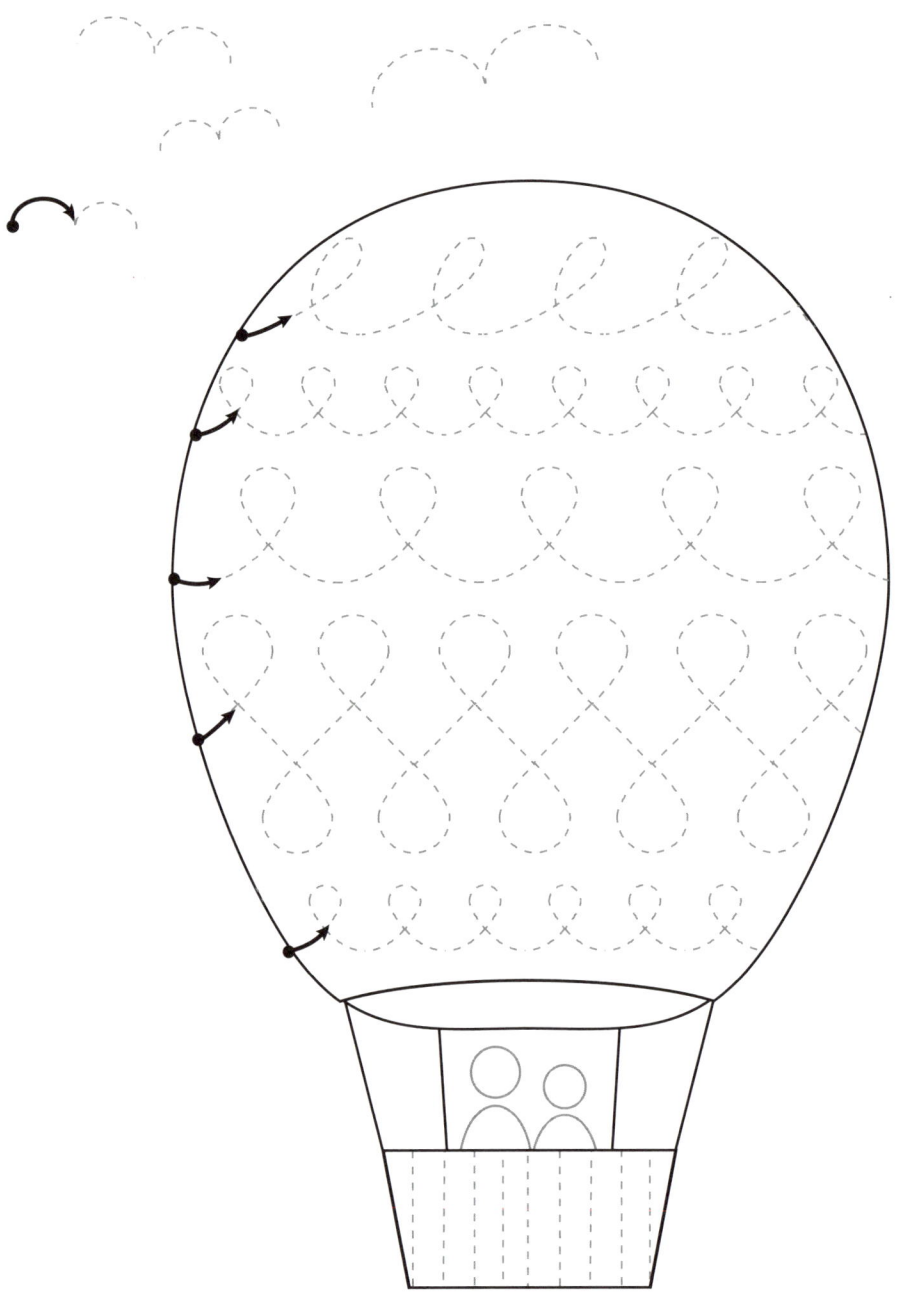

Schleifen-Schwünge

Übe verschiedene Schleifen-Schwünge.
Male die Linien, so oft du magst, nach.

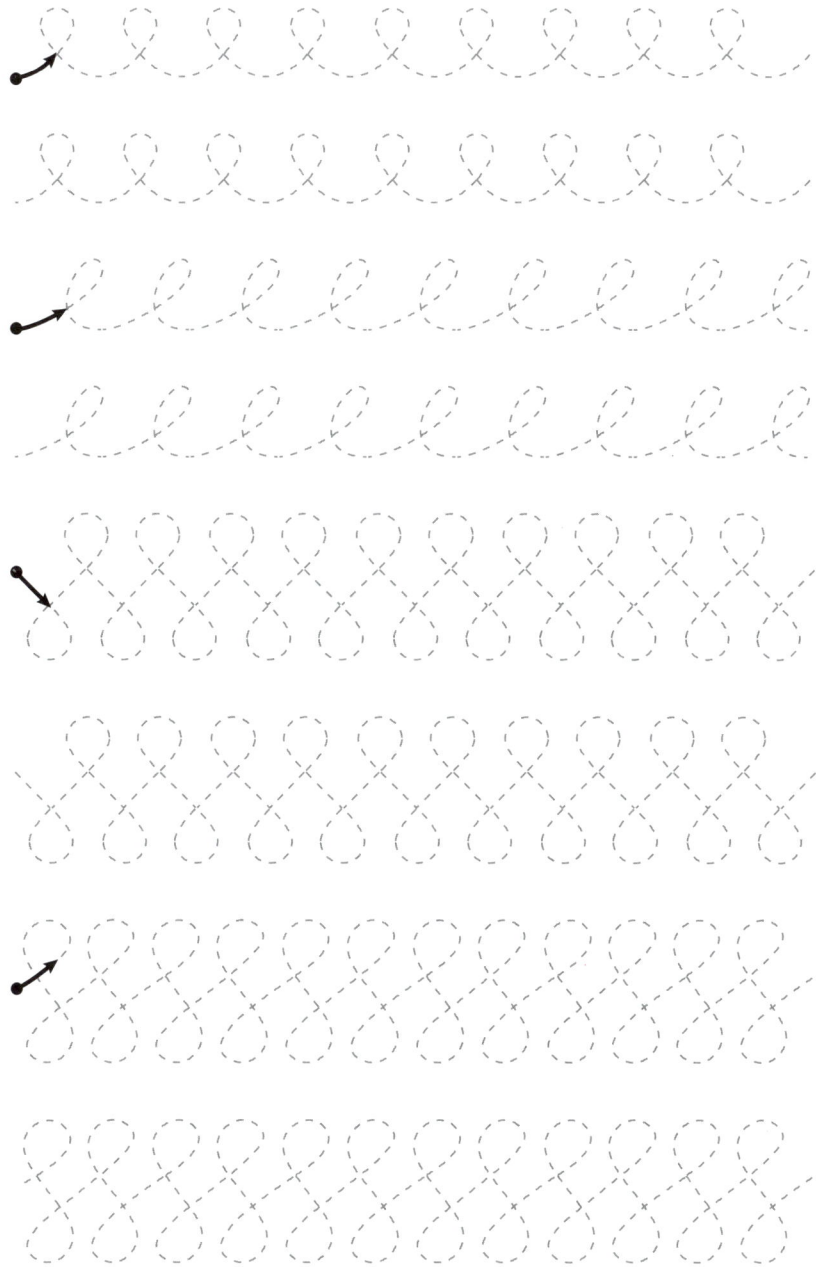

Male die stehende Acht, so oft du kannst,
ohne abzusetzen, nach. Wiederhole dies mehrmals, wie im Beispiel gezeigt.
Mit bunten Farben macht es noch mehr Spaß.

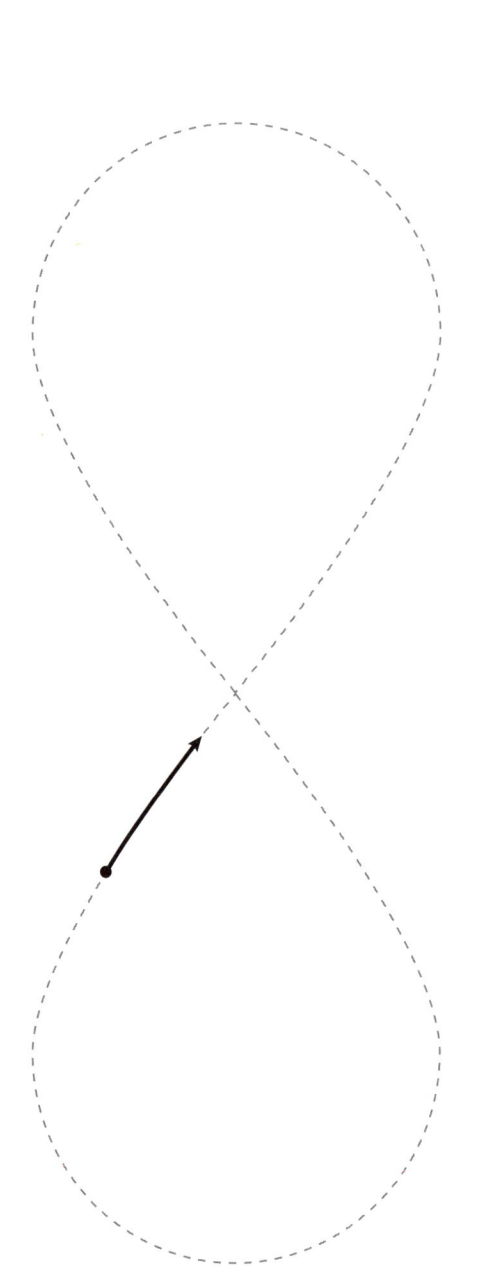

Acht

Male die liegende und die stehende Acht in verschiedenen Richtungen nach.

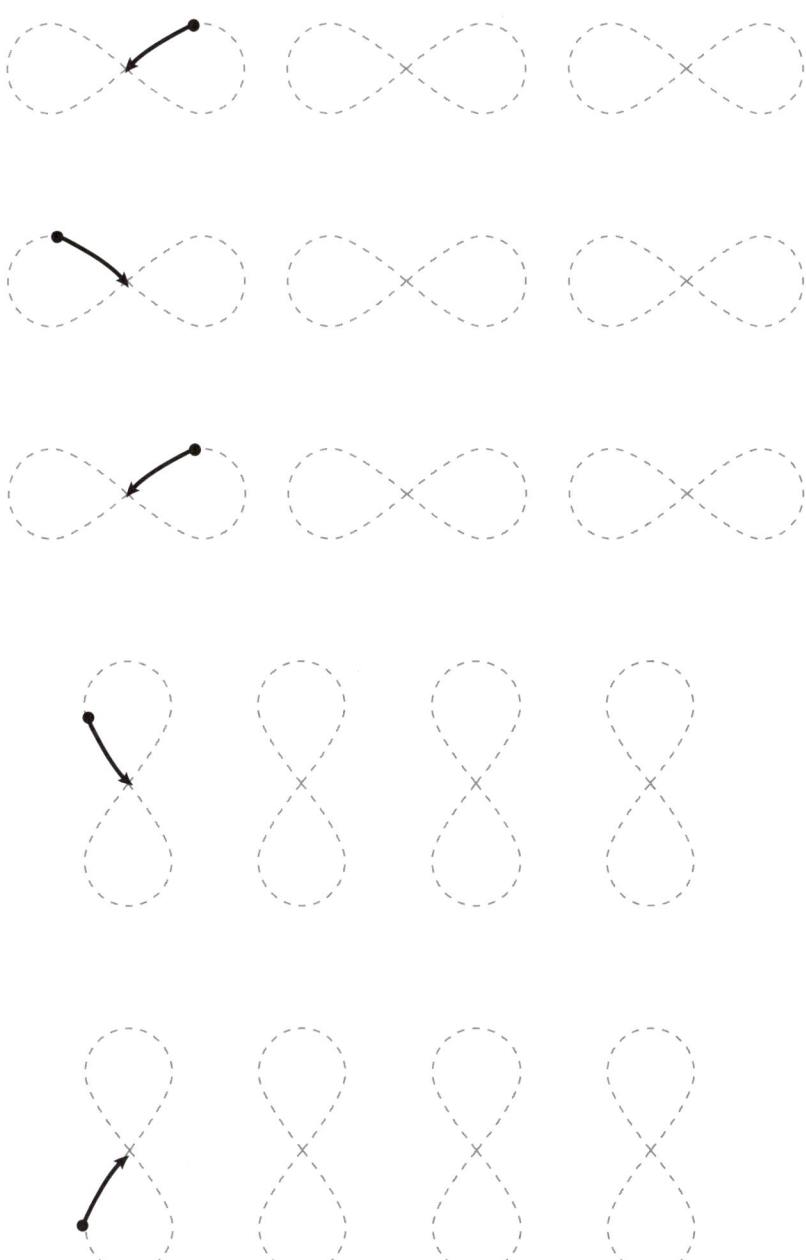

Schleifen

Male die Schleifen auf den Paketen nach
und male sie in bunten Farben aus.

Liegende Acht

Male die liegende Acht so oft du kannst,
ohne abzusetzen, nach. Wiederhole dies mehrmals,
wie im Beispiel gezeigt und verwende bunte Farben.

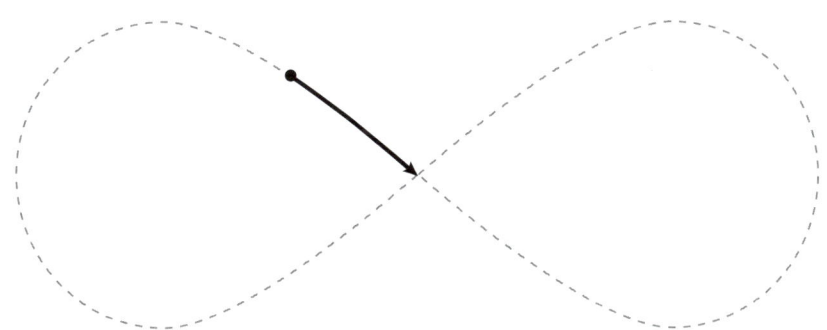

Spiralen

Die Schnecken brauchen dringend ein Haus.
Male die Linien nach und fülle die Schneckenhäuser mit Farbe.

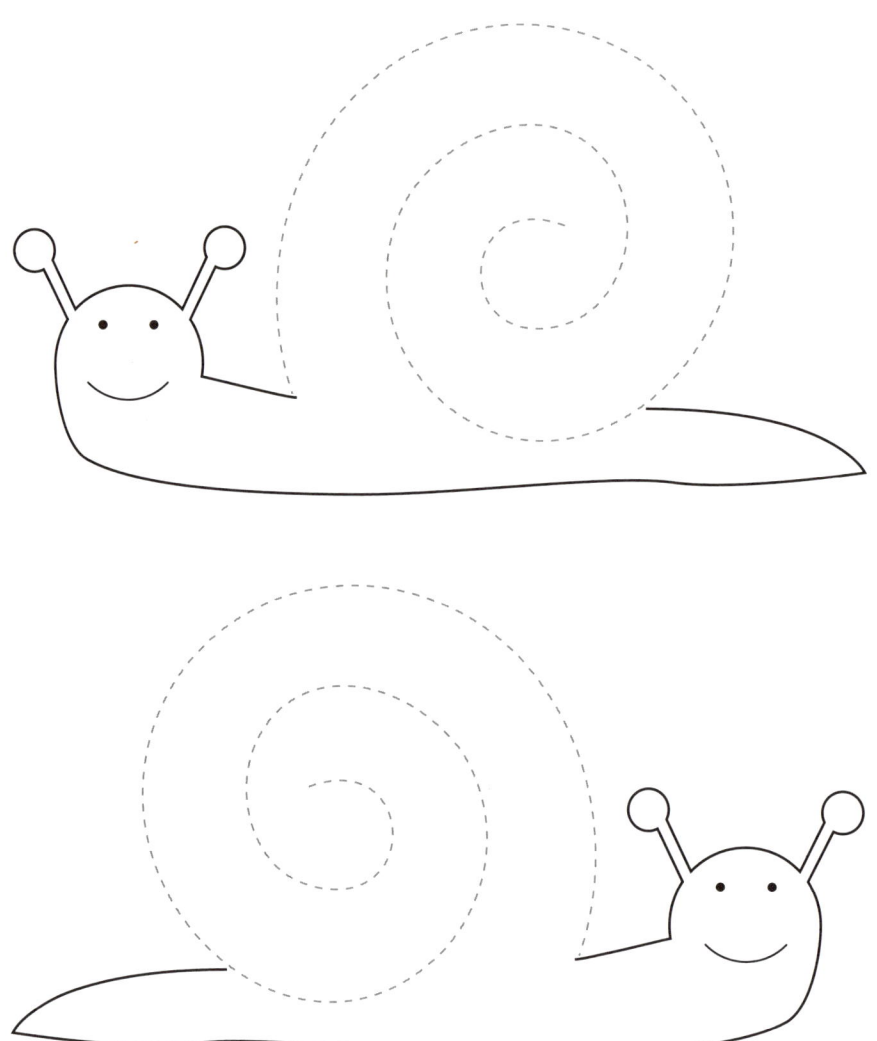

Spiralen

Hier kannst du das Malen von Spiralen in verschiedene Richtungen üben.

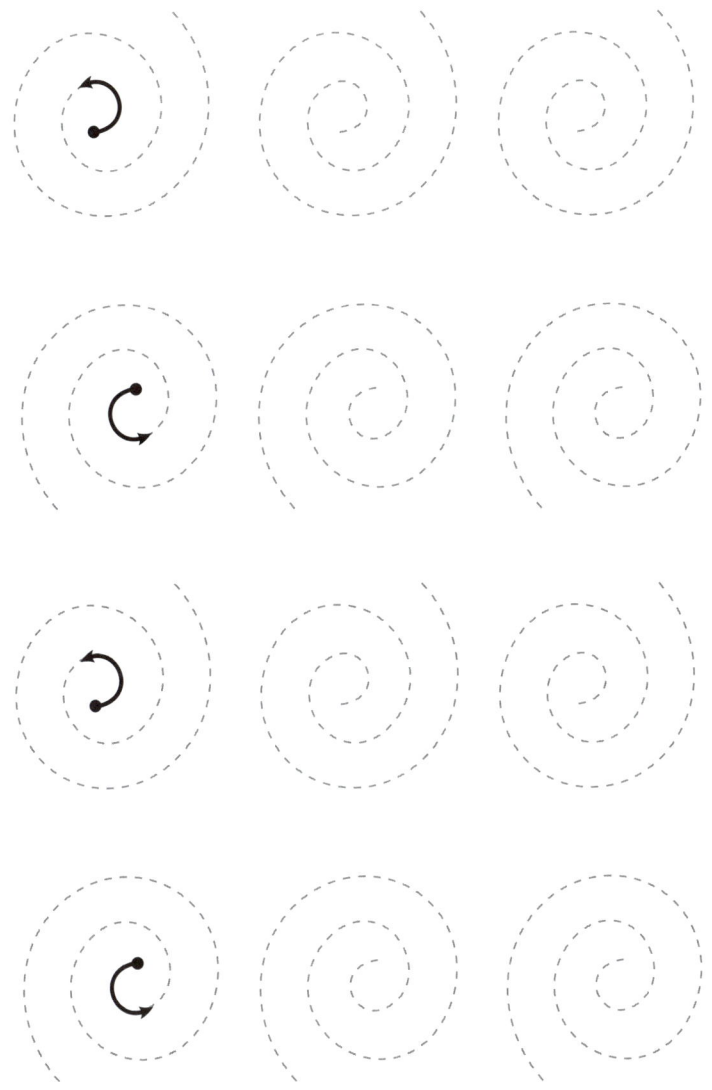

Der Hubschrauber möchte gerne landen.
Suche ihm den Weg zum Hubschrauber-Landeplatz.

H

Spiralen

Hier kannst das Malen von Spiralen in verschiedene Richtungen üben.

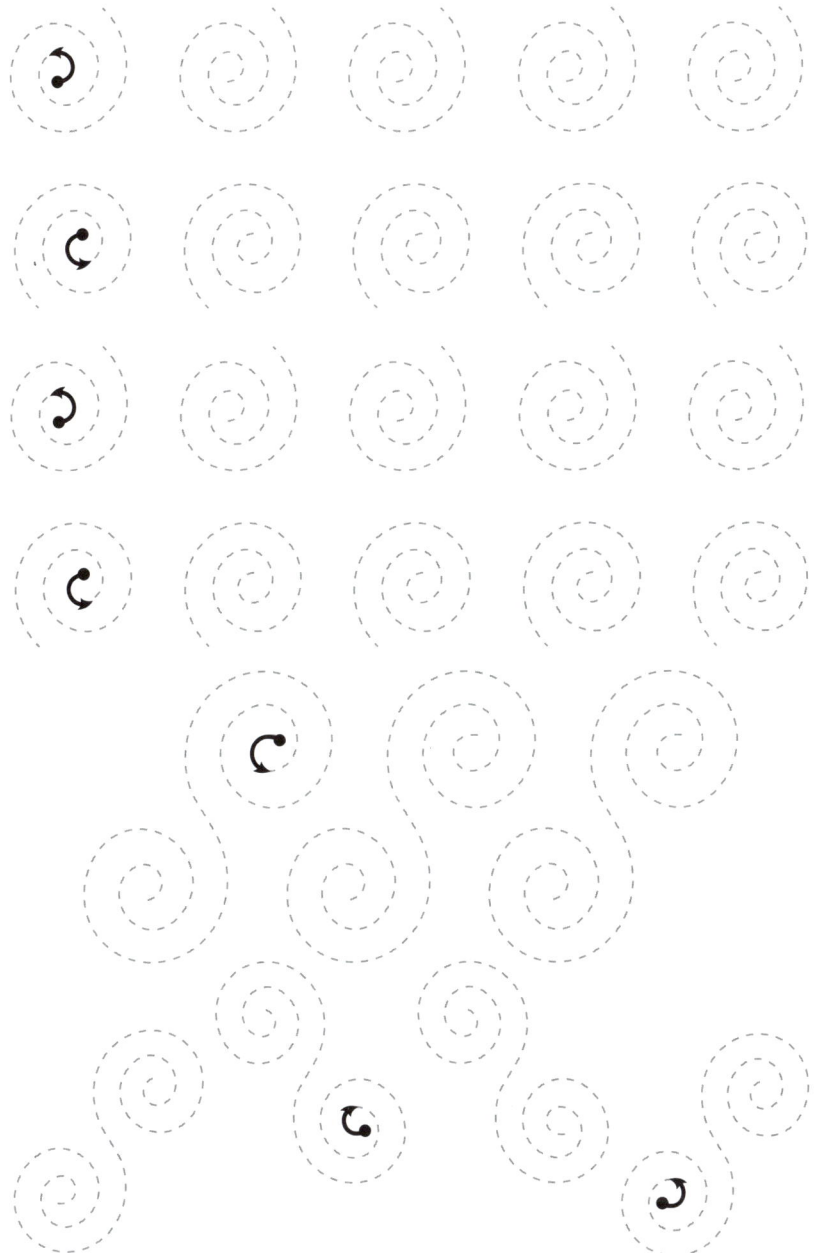

Spiel

Verbinde die gleichen Schiffchen mit der vorgegebenen Linie
und male sie dann in denselben Farben aus.

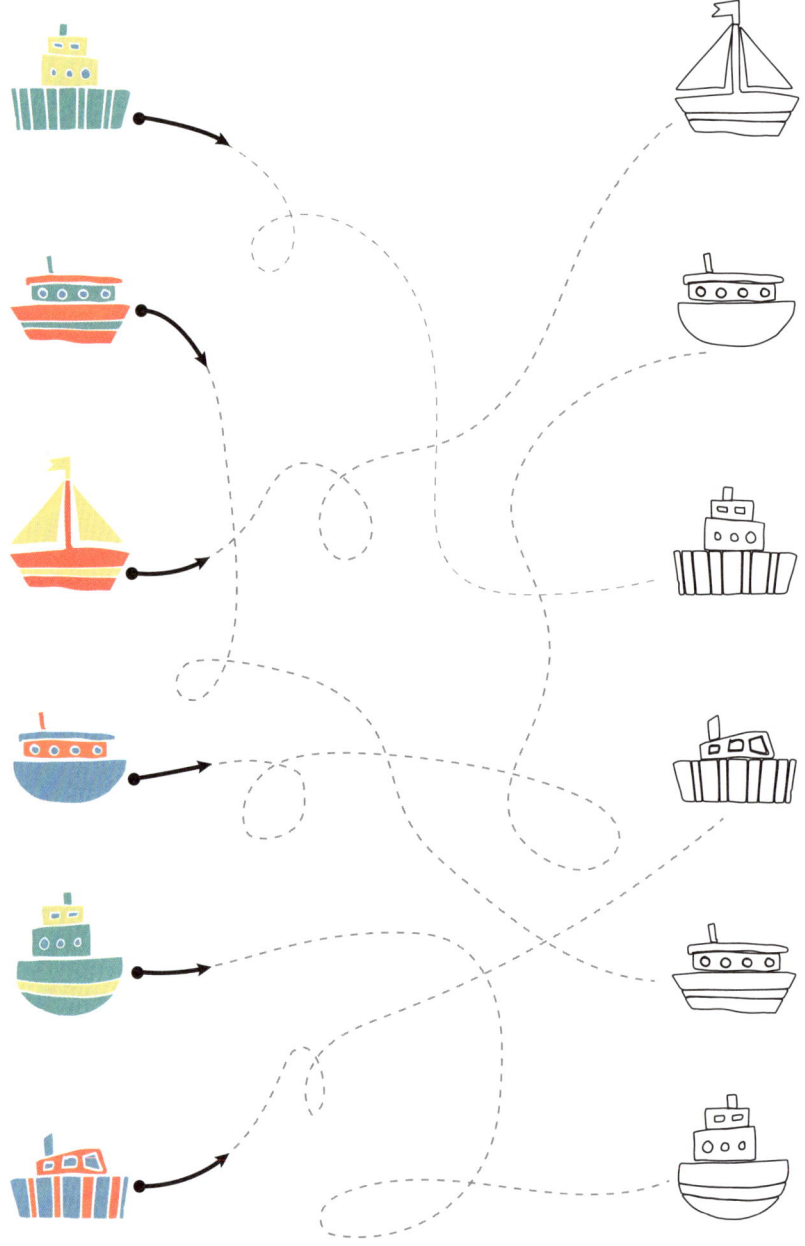

Wellen-Schwünge

Die Schiffchen müssen durch die Hindernisse hindurch zur Fahne.
Versuche, die Linie fortzusetzen, ohne anzuecken.

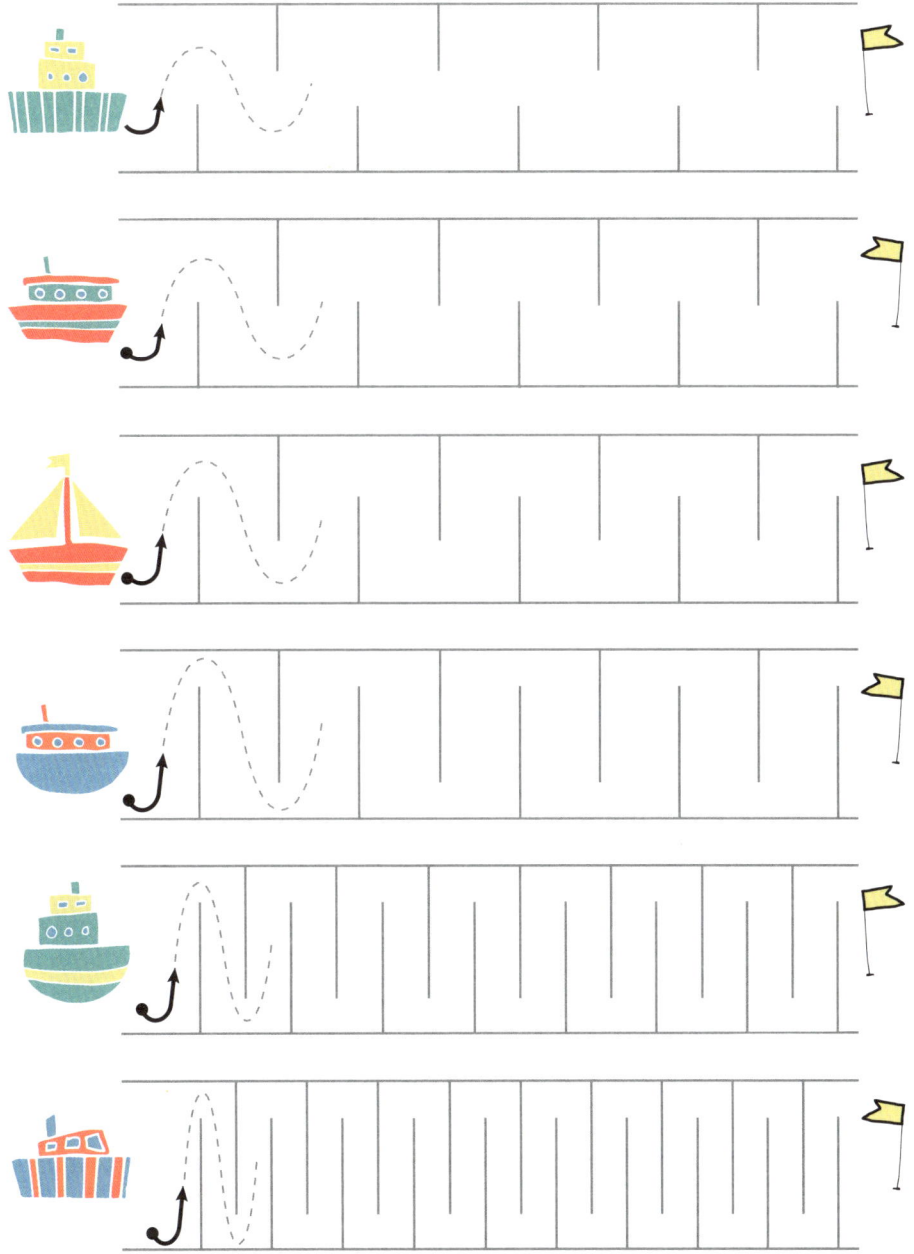

Zickzack-Linien

Fahre die Autos mit Zickzack-Linien
durch die Hindernisse zur Zielfahne.

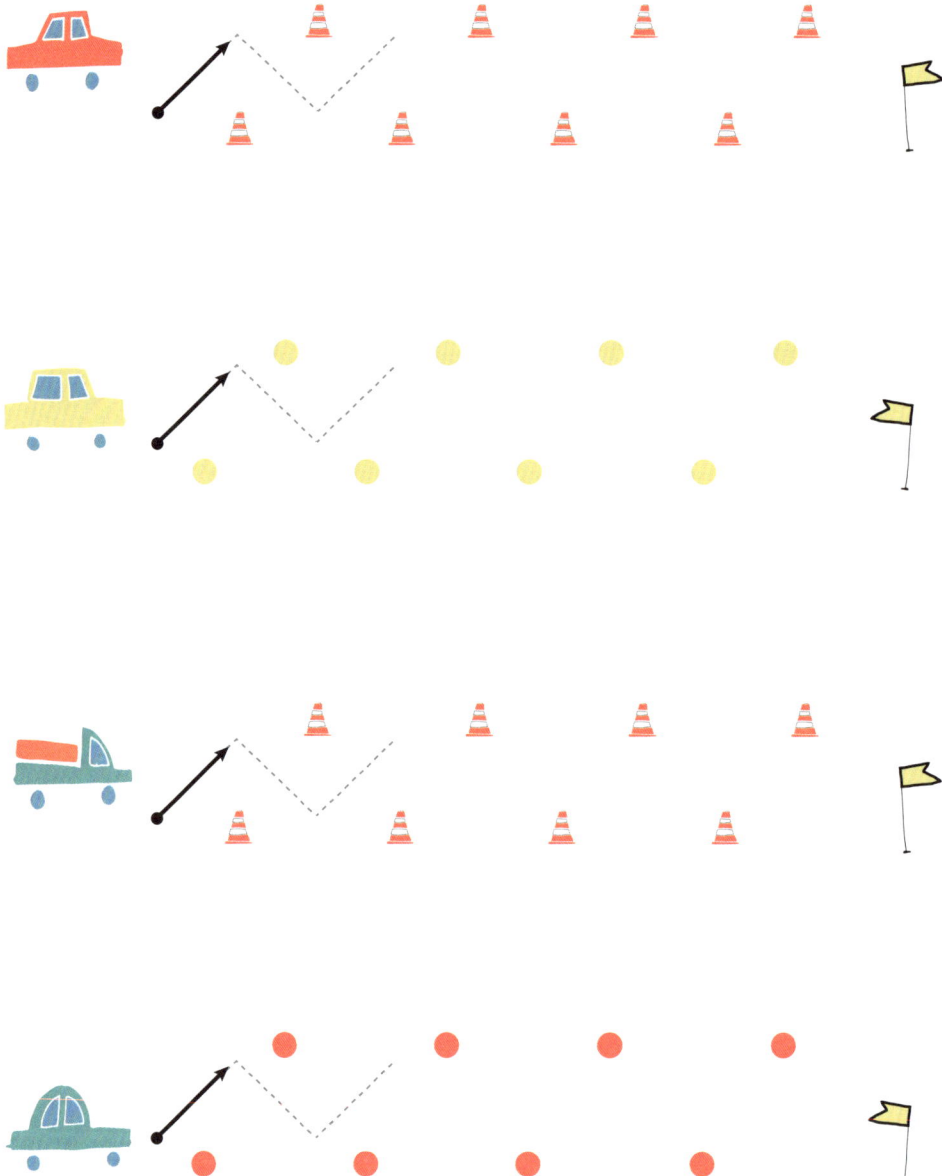

Zickzack-Linien

Die Autos müssen durch den Hindernisparcour.
Fahre sie in Zickzack-Linien sicher bis ins Ziel.

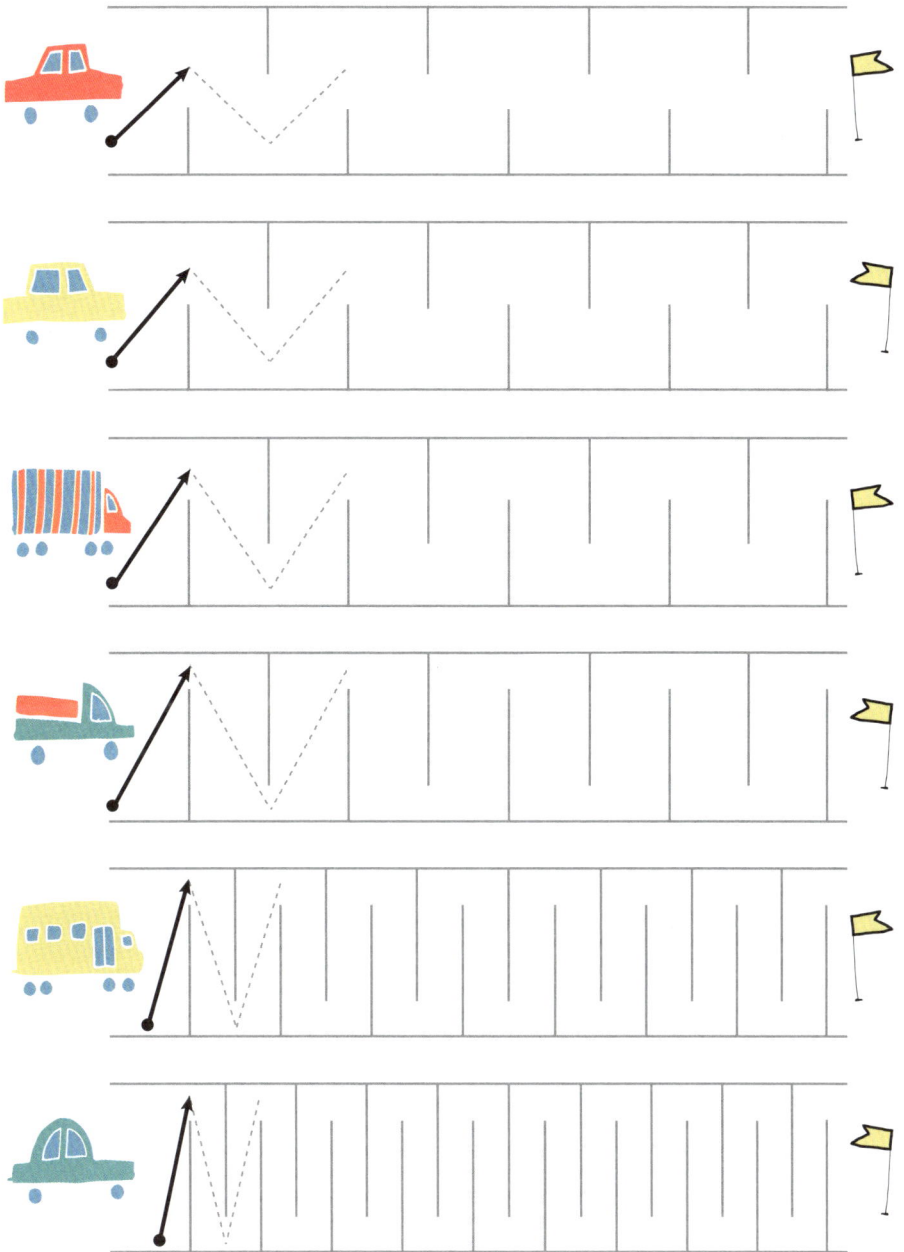

Ausmalen

Ein schöner Tag in den Bergen. Male die
Linien nach und das Bild bunt an.

Linien

Verbinde die jeweils gleichen
Flugzeuge mit den vorgegebenen Linien
und male sie in denselben Farben aus.

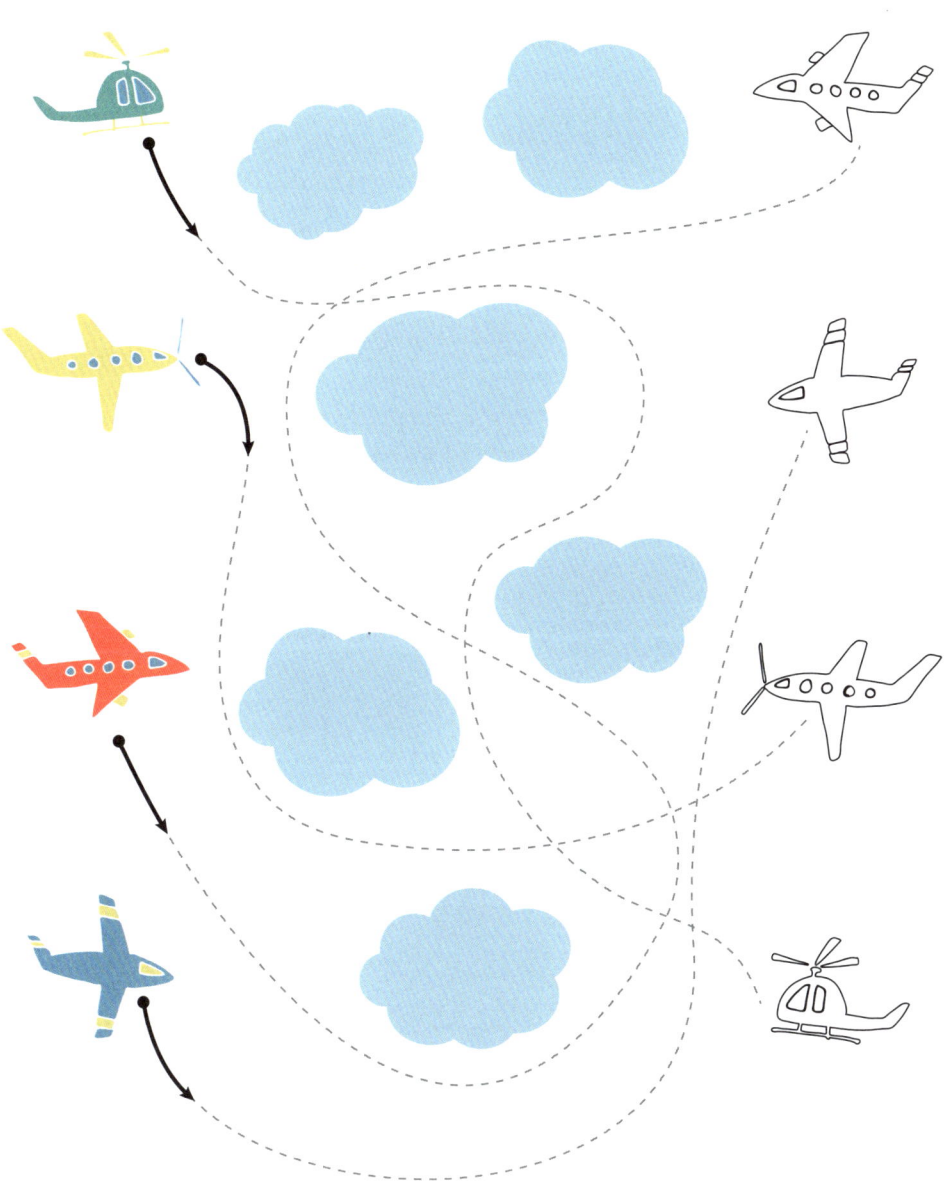

Spiel

Die kleine Mäusefamilie hat großen Hunger und will unbedingt zum leckeren Käse in der Mitte. Finde den Weg für sie.

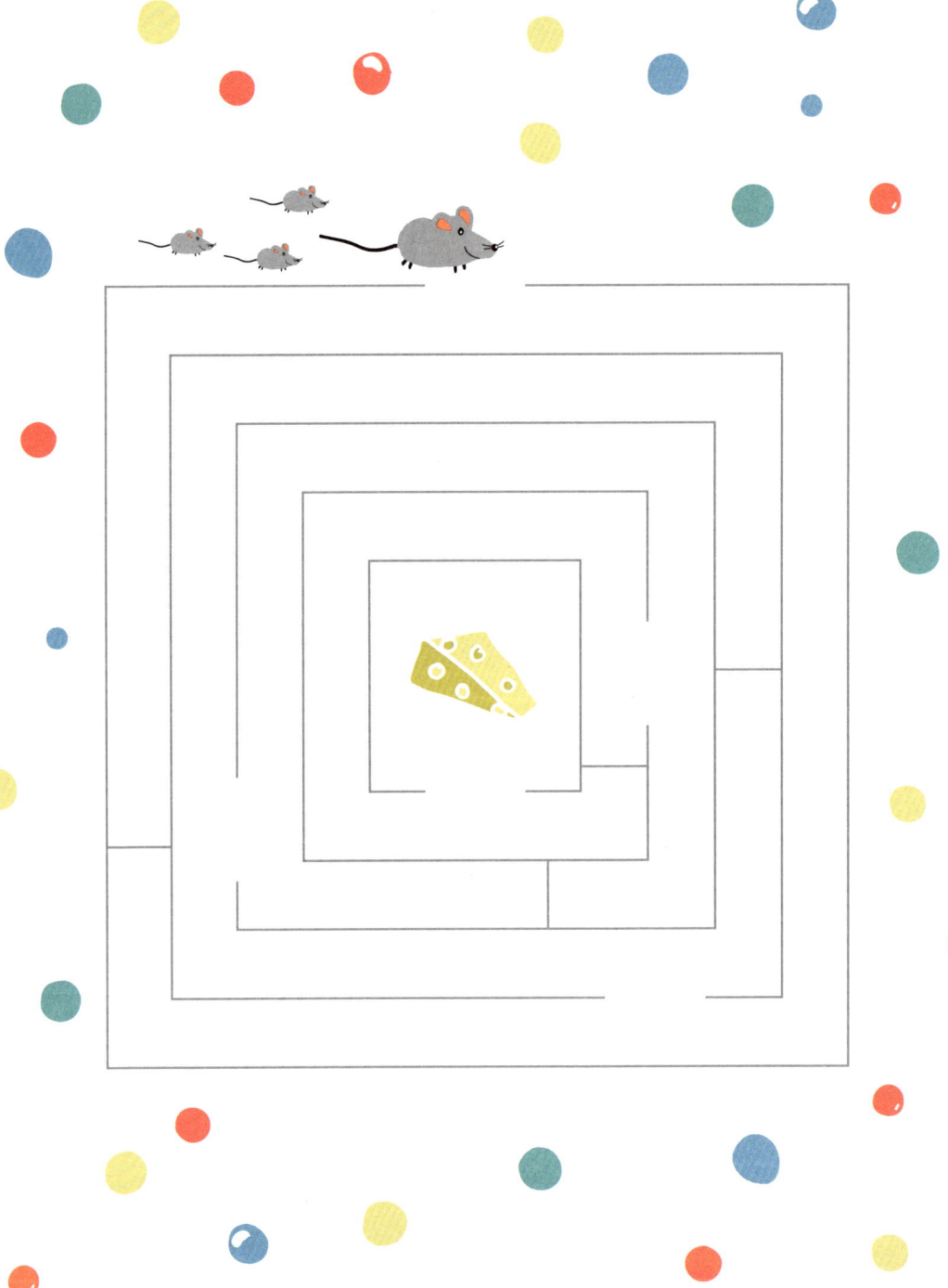

Zickzack-Linien

Male die Linien wie in der Vorgabe nach und versuche, so gut wie möglich, nicht über die Zeilen zu malen.

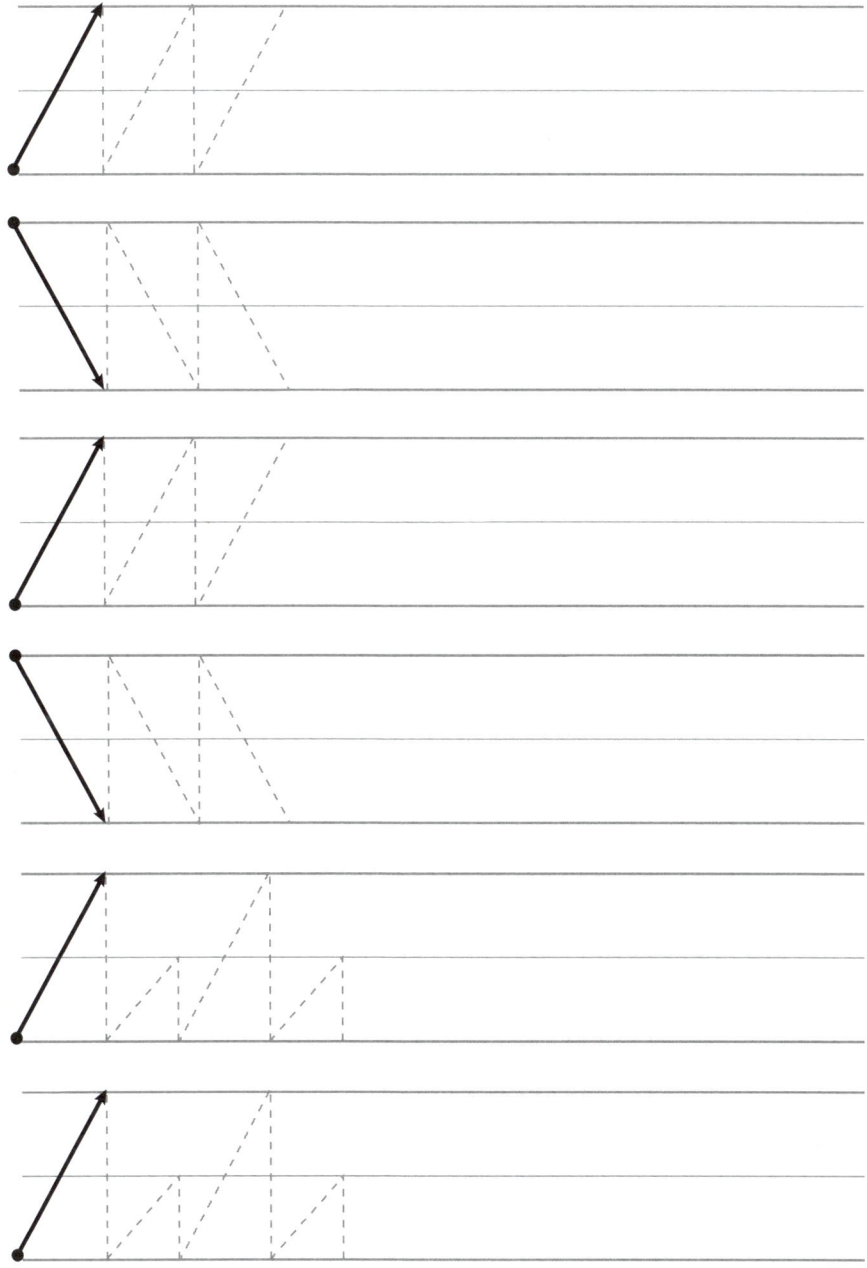

Sechseck

Die fleißigen Bienen arbeiten an ihren Waben.
Hilf ihnen und male die gestrichelten Linien nach.

Formen

Übe, mit Hilfe der vorgegebenen Linien,
die verschiedenen Formen nachzuzeichnen.

Linien

Der Zug möchte zurück zum Bahnhof.
Hilf ihm, dorthin zu gelangen, und zeichne die Linie nach.

Schwünge

Übe verschiedene Schwünge.
Male die Linien, so oft du magst, nach.

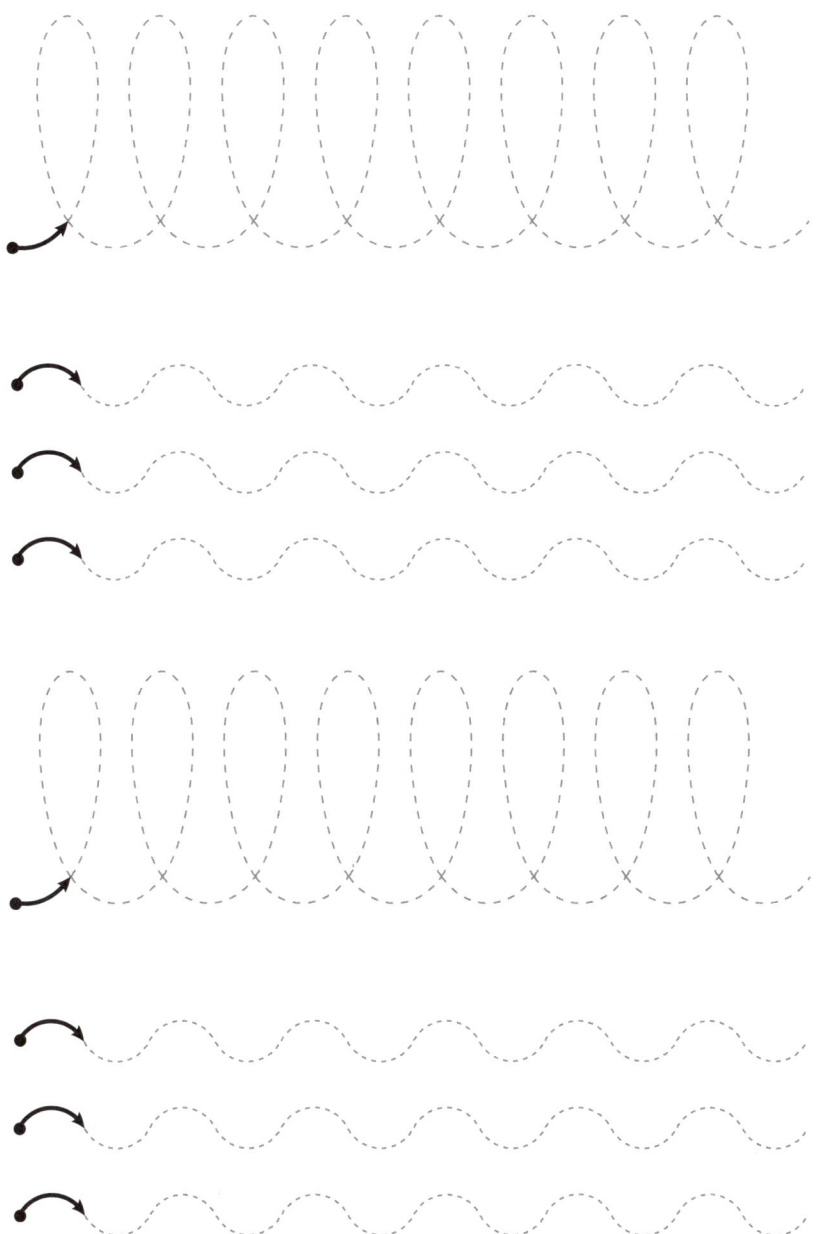

Spiel

Finde heraus, welche Anzahl an Tieren zu den Würfeln
unten passen. Zeichne die Linien mit einer jeweils anderen Farbe nach.

Formen

Übe mit Hilfe der vorgegebenen Linien
die verschiedenen Formen.

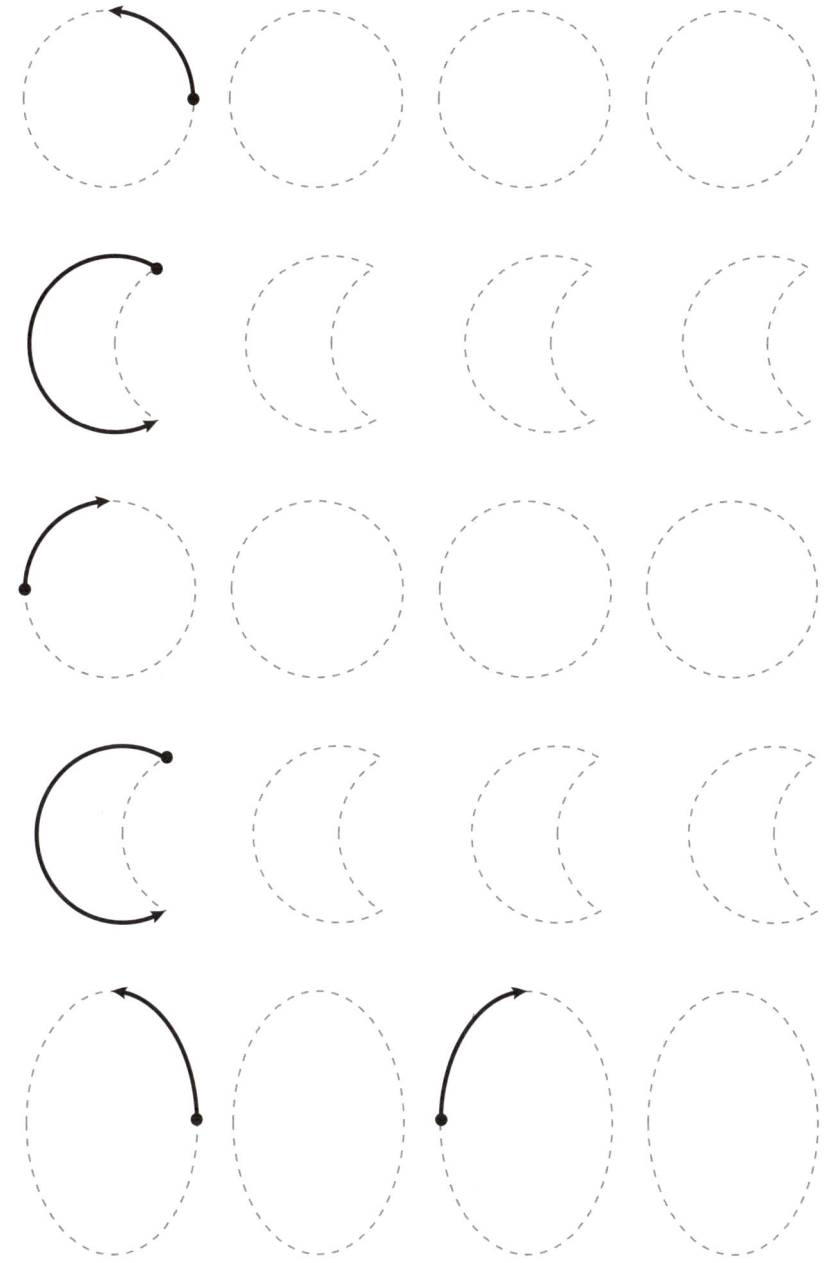

Ausmalen

Male die gestrichelten Linien nach.
Male eigene Kirschen dazu und das Bild bunt aus.

Formen

Übe, mit Hilfe der vorgegebenen Linien,
die verschiedenen Formen nachzuzeichnen.

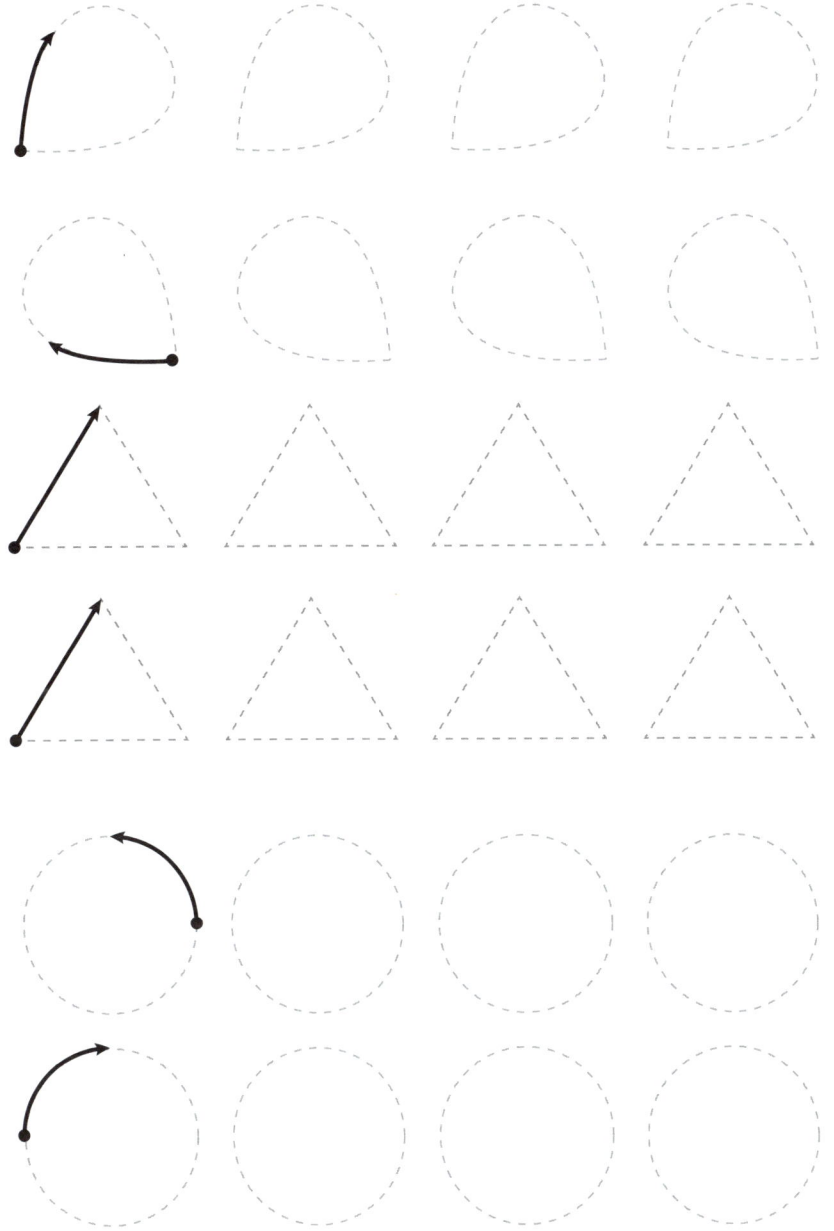

Ausmalen

Das Boot vermisst seine Farben. Male die Linien nach und male es, wie im Beispiel, aus oder einfach in deinen Lieblingsfarben an.

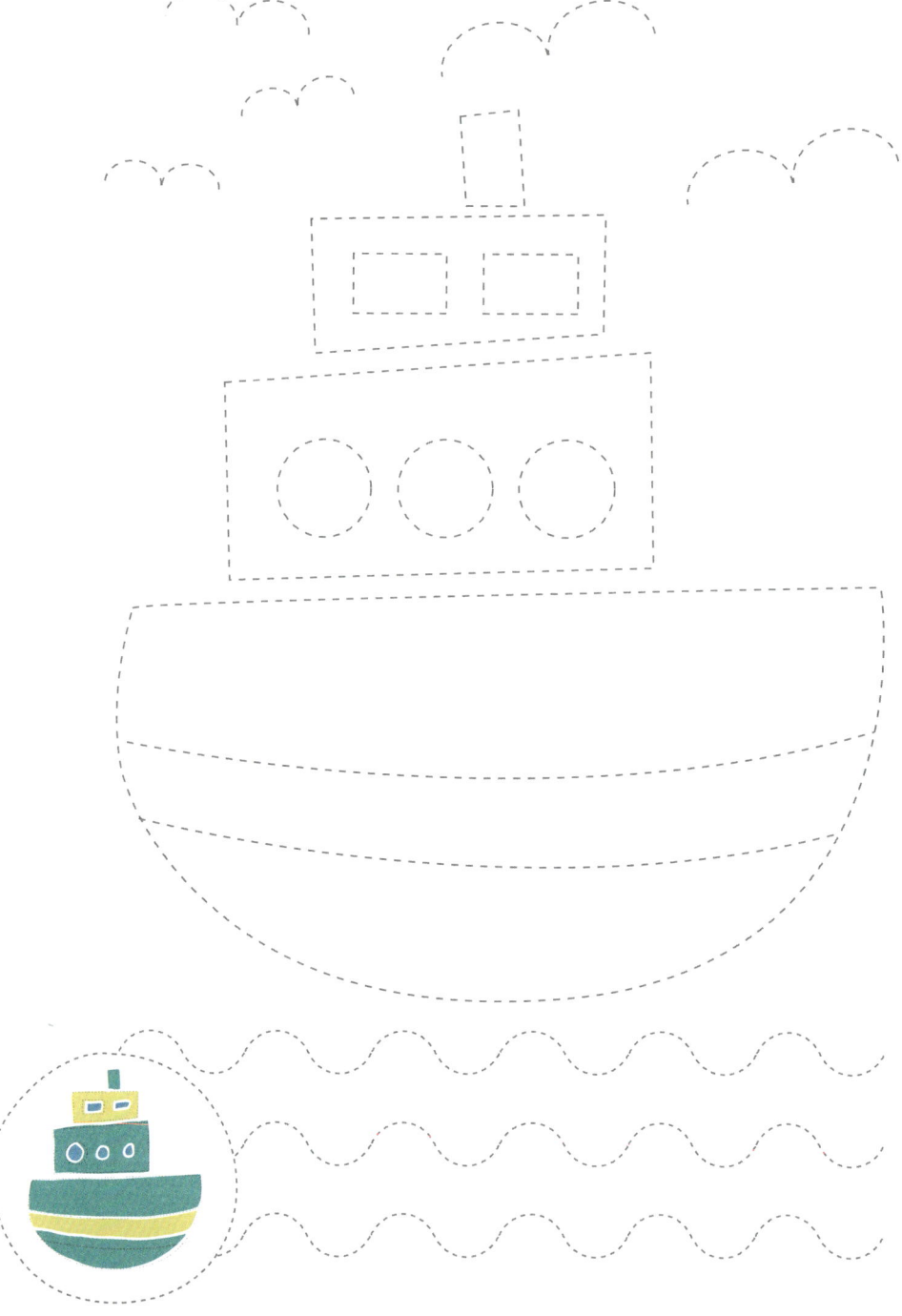

Formen

Übe, mit Hilfe der vorgegebenen Linien,
die verschiedenen Formen nachzuzeichnen.

Spiel

Die Tiere wollen unbedingt in den Wald zurück.
Finde den Weg für sie und fahre die Linien nach.

Schleifen-Schwünge

Übe verschiedene Schleifen-Schwünge.
Male die Linien, so oft du magst, nach.

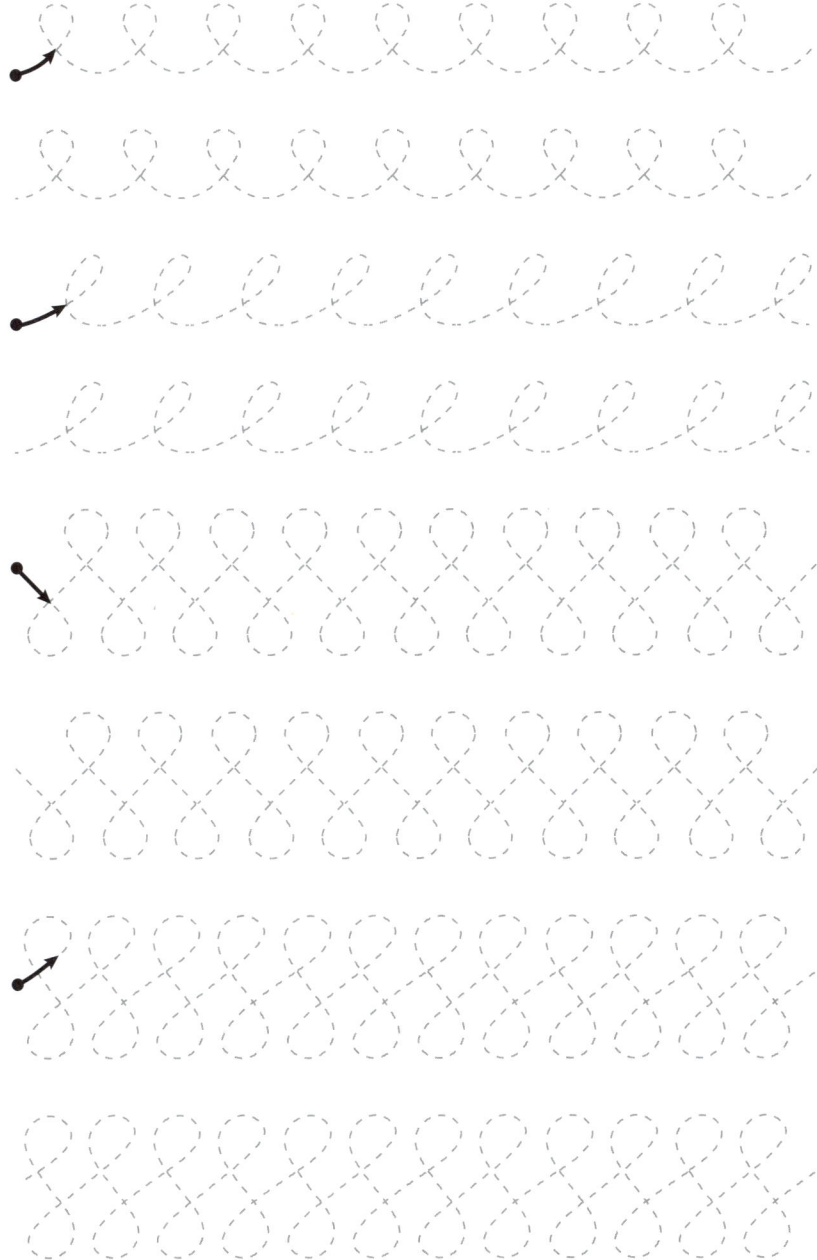

Die drei Schmetterlinge wollen zu der Blumenblüte in der Mitte.
Fliege alle drei dorthin.

Schwünge

Die Schmetterlinge wollen durch die Hindernisse hindurch zur Blumenwiese.
Versuche, die Linie fortzusetzen, ohne anzuecken.

Ausmalen

Die Fahrzeuge vermissen ihre Farben. Male die Linien nach und
male sie, wie im Beispiel, aus oder einfach in deinen Lieblingsfarben an.

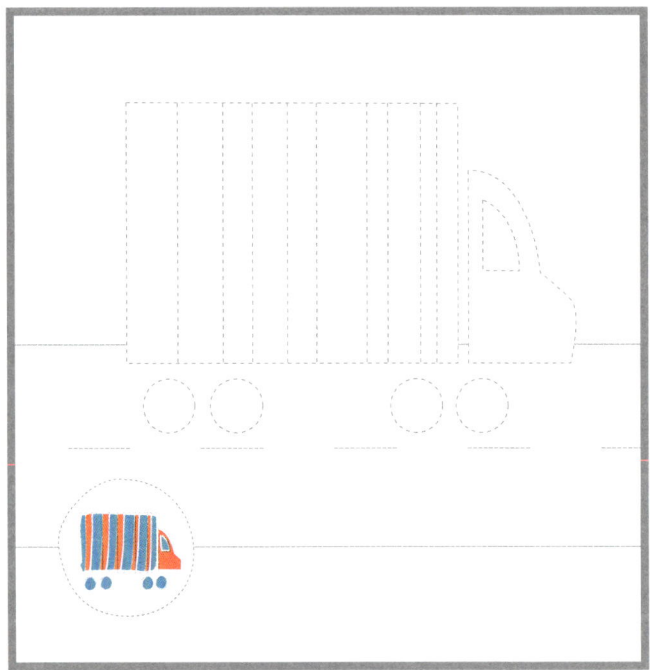

Formen

Übe, mit Hilfe der vorgegebenen Linien,
die verschiedenen Formen nachzuzeichnen.

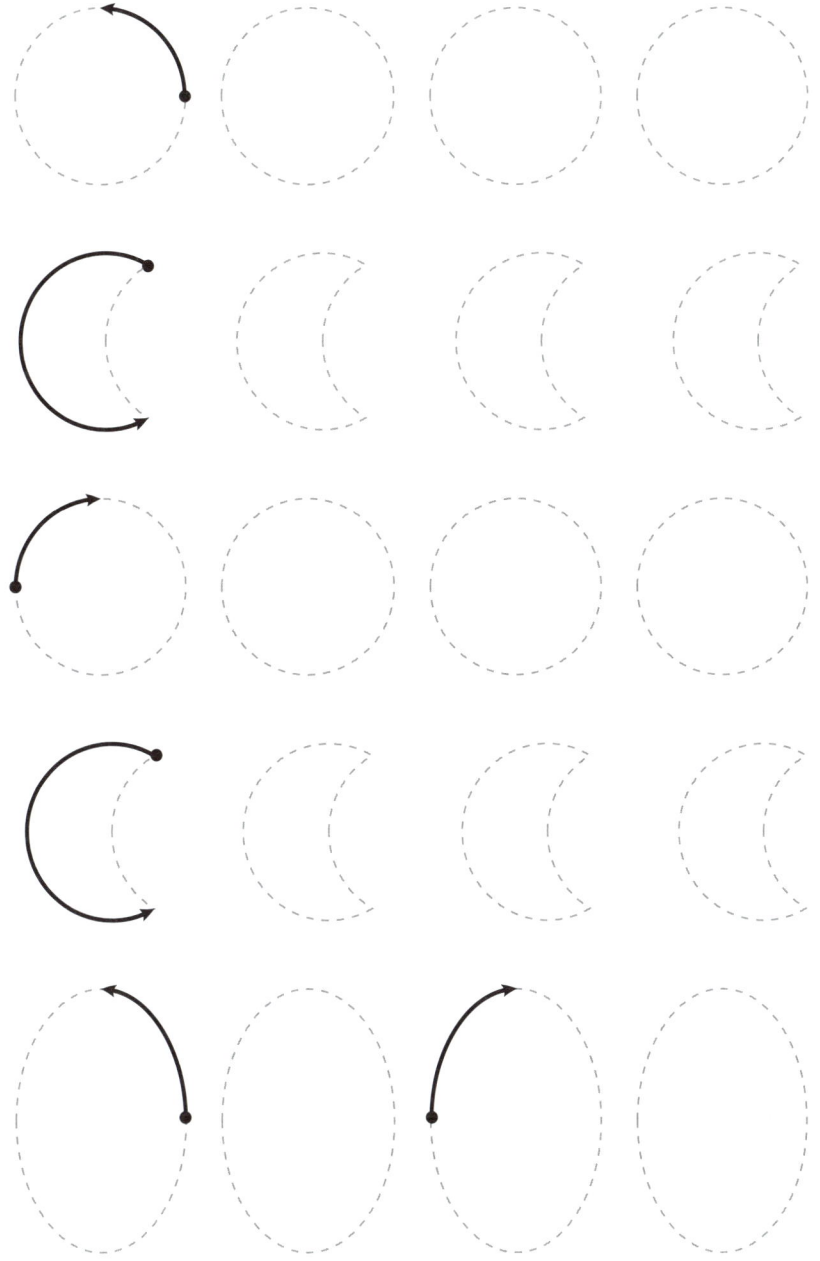

Schwünge

Die Häschen möchten zur Karotte.
Lass sie durch die Hindernisse hoppeln.

Schwünge

Male die Linien, wie in der Vorgabe, nach und
versuche, nicht über die Zeilen zu malen.

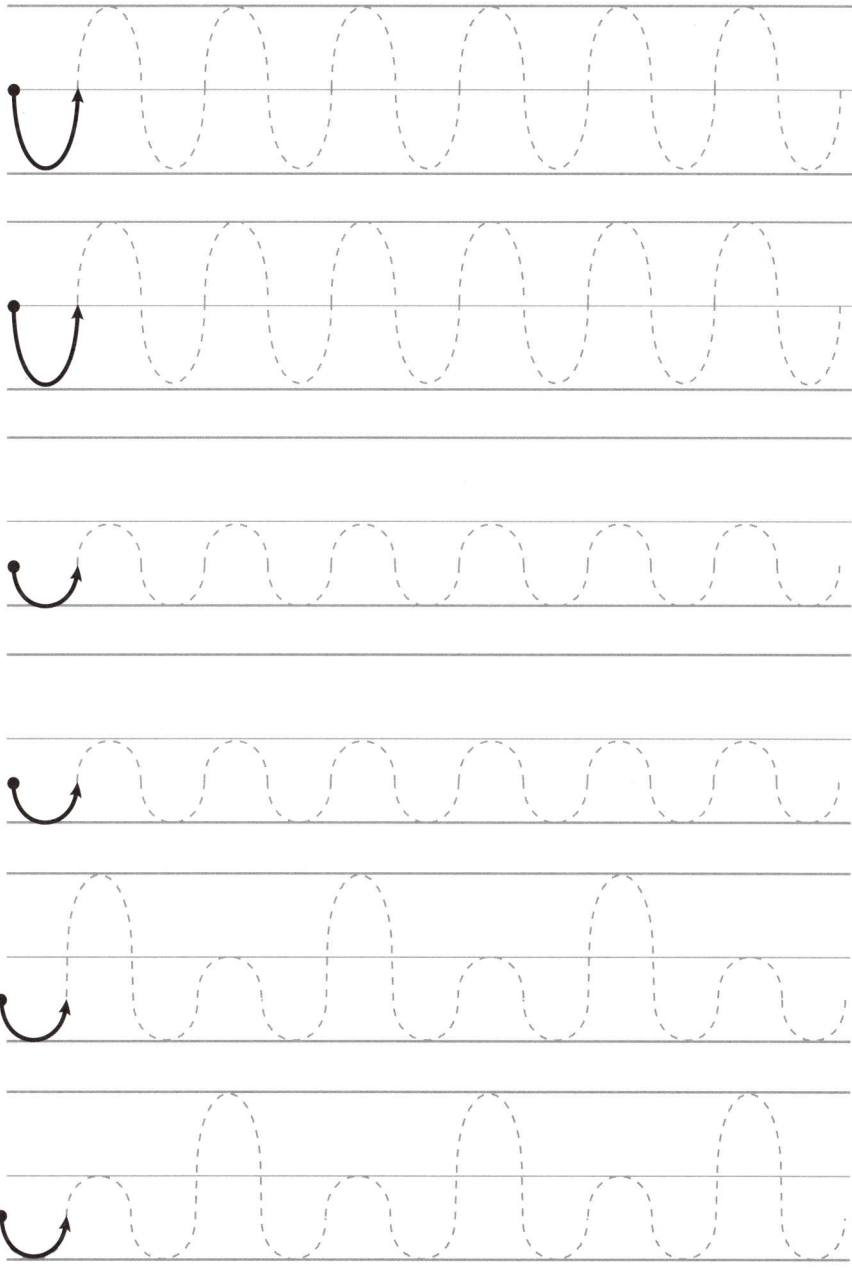

Linien

So kannst du ganz einfach einen Zopf zeichnen.
Male die Linien nach und danach alles bunt an.

Schwünge

Übe verschiedene Schwünge.
Male die Linien, so oft du magst, nach.

Die Autos wollen gerne einparken.
Führe die Autos zur Parkgarage.

Zickzack-Linien

Übe verschiedene Zickzack-Linien.
Male die Linien, so oft du magst, nach.

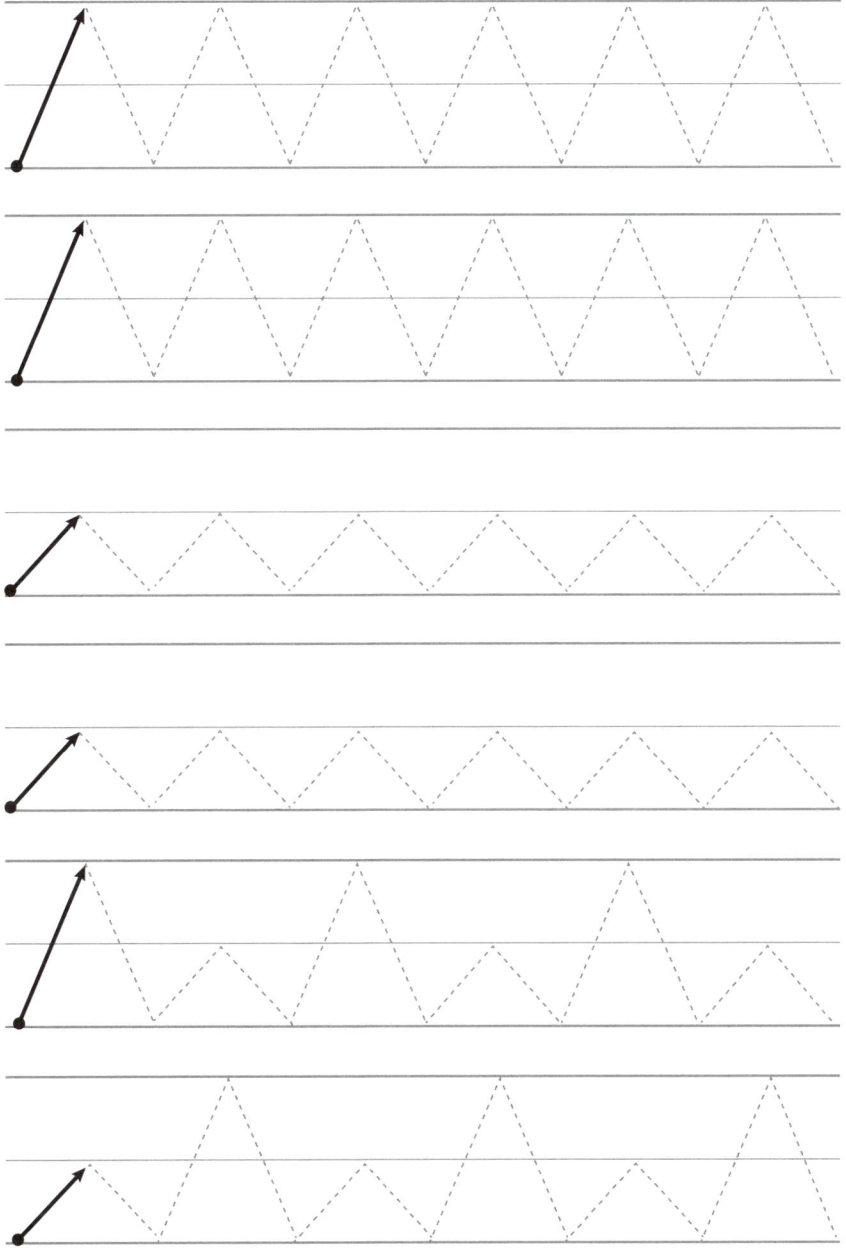

Muster

Male die Linien nach und gib dem Teppich ein eigenes Muster oder führe das Muster fort.

Zickzack-Linien

Hier kannst du Zickzack-Linien üben.
Fahre die Linien, so oft du magst, nach.

Ausmalen

Das Boot vermisst seine Farben. Male die Linien nach und male es, wie im Beispiel, oder einfach in deinen Lieblingsfarben aus.

Formen

Übe, mit Hilfe der vorgegebenen Linien,
die verschiedenen Formen nachzuzeichnen.